W0090300

HEYNE KOCHBÜCHER

INGRID NEWKIRK
und die Tierrechtsorganisation
PeTA

DIE VEGANE KÜCHE

150 vegetarische Rezepte für alle, die ganz auf
tierische Produkte verzichten wollen

Übersetzung aus dem Englischen:
JULIA MALSO

Deutsche Bearbeitung:
SILKE BERENTHAL
und HARALD ULLMANN

Mit freundlicher Unterstützung
von Heidrun Leisenheimer
(*Vegans International*),
die PETA über 80 Rezepte widmete

WILHELM HEYNE VERLAG
MÜNCHEN

HEYNE KOCHBUCH
07/4707

Umwelthinweis:
Dieses Buch wurde auf
chlor- und säurefreiem Papier gedruckt.

Redaktion: Monika Mai
Copyright © 1997 by Wilhelm Heyne Verlag GmbH & Co. KG, München
Printed in Germany 1997
Umschlaggestaltung: Atelier Ingrid Schütz, München
Umschlagfoto: Studio L'EVEQUE Harry Bischof, München
Satz: Schaber Satz- und Datentechnik, Wels
Druck und Bindung: RMO-Druck, München
ISBN 3-453-12550-9

Inhalt

Abkürzungen und Erklärungen:

EL = Eßlöffel (= 15 ml)
TL = Teelöffel (= 5 ml)
Msp = Messerspitze
g   = Gramm
l   = Liter
ml = Milliliter ($^1/_{1000}$ l , 1 g)
cl = Zentiliter ($^1/_{10}$ l)

1 Tasse = 1 normale Teetasse von $^1/_8$ l Inhalt

Wo nicht anders angegeben, sind die Rezepte für 4 Personen berechnet.

Vorwort

Es gibt viele gute Gründe, warum Menschen zu Vegetariern werden: Vegetarische Mahlzeiten sind ausgesprochen gesund und fördern das körperliche Wohlbefinden. Sie lassen den Energiespiegel explosionsartig in die Höhe schnellen, machen den Körper geschmeidiger und schlanker, stärken das Immunsystem und helfen schließlich dabei, einen Gesundheitszustand zu erreichen, den man vorher nie für möglich gehalten hätte.

Vegetarische Ernährungsprogramme können verstopfte Arterien reinigen, Herzerkrankungen heilen oder Patienten mit Diabetes und Bluthochdruck beim Absetzen ihrer Medikamente unterstützen. Auch Top-Athleten wie Martina Navratilova oder Carl Lewis haben mit Hilfe einer vegetarischen Ernährung ihre Erfolge errungen und erhalten damit auch weiterhin eine optimale Kondition. Aber diese gesunde Ernährungsweise bewirkt noch mehr: Sie hilft auch der Erde, aufzuatmen.

Es ist viel effizienter und einfacher, aus Weizen Nudeln herzustellen oder eine Suppe aus Gemüse zuzubereiten, als riesige Mengen Getreide an Tiere zu verfüttern, um schließlich eine viel geringere Menge Fleisch zu erzeugen.

Jahr für Jahr wird der Regenwald immer mehr dezimiert, um Weideland für Rinder zu schaffen, die dann als Fleisch auf den Tellern der Menschen landen. Das Überleben der Erde steht in unmittelbarem Zusammenhang mit dem Überleben der Regenwälder. Diese sind die primäre Quelle für den Luftsauerstoff, ohne den wir alle nicht überleben könnten.

Ein großer Anteil der Tierexkremente fließt ungehindert in unsere Seen und Flüsse: bis zu 20mal so viele Fäkalien als die der Menschen. Dadurch wird das Grundwasser über Gebühr mit Schadstoffen belastet.

Für die Produktion von einem Pfund Rindfleisch werden rund 9 500 Liter Wasser benötigt. Um das zu produzieren, was ein Veganer, also ein reiner Pflanzenesser, in einem Jahr benötigt, braucht man genauso viel Wasser, wie für die Menge, die ein Fleischesser in nur einem Monat verbraucht.

Bei der veganen Ernährungsweise, die wir Ihnen in diesem Buch vorstellen möchten, werden ausschließlich pflanzliche Produkte aufgenommen. Dabei wird z. B. Kuhmilch durch Soja-»Milch« – hier immer als Soja-Drink bezeichnet, da unter diesem Namen im Handel –, Sahne oder Crème fraîche durch Soja-Creme, Butter durch Margarine usw. ersetzt.

Die Ursache der meisten Stoffwechselkrankheiten, Allergien und anderer Beschwerden liegt in einer erhöhten Zufuhr an tierischen Eiweißen. Nicht nur Fleisch, sondern auch Milchprodukte jeglicher Art beinhalten große Mengen an tierischem Eiweiß. Die in der Öffentlichkeit gängige Meinung, daß jeder Mensch täglich eine bestimmte Menge Milch zu sich nehmen muß, um seinen Kalziumbedarf zu decken, kann durch eine sehr simple Erklärung widerlegt werden: Milch enthält neben Kalzium auch große Mengen an Eiweiß und Phosphaten. Diese blockieren teilweise die Aufnahme von Kalzium im menschlichen Körper, so daß der größte Teil unverwertet wieder ausgeschieden wird.
Zusätzlich zu den Problemen, die durch zuviel Eiweiß, Fett oder Cholesterin entstehen, nehmen die Verbraucher von tierischen Produkten auch weitaus größere Mengen an Rückständen landwirtschaftlicher Chemikalien, Industriegifte, Antibiotika und Hormonen zu sich als Vegetarier bzw. Veganer. Diese Zufuhr kann zu Antibiotika-resistenten Lungenentzündungen, Hirnhautentzündungen, Salmonellen-Infektionen und anderen schwerwiegenden Erkrankungen führen.

Seit Jahrhunderten sind viele Menschen vom Vegetarismus überzeugt – allein in Amerika gibt es etwa 20 Millionen Vegetarier. Die Zusammenhänge zwischen Fleischverzehr und lebensbedrohlichen Krankheiten werden immer deutlicher: Es ist schlüssig nachgewiesen, daß der Verzehr von tierischen Produkten in unmittelbarem Zusammenhang mit Herzerkrankungen, Krebs, Diabetes, Arthritis und Osteoporose steht. Tierische Fette – und hier vor allem das Cholesterin, welches nur in tierischen Produkten zu finden ist – verstopfen die menschlichen Arterien, was oft zu Herzinfarkten und Schlaganfällen führt. Eine vegetarische Ernährung kann z. B. 97 % aller Koronarverschlüsse verhindern. Die Rate der Dickdarmkrebsfälle ist in den Gegenden am größten, wo der Fleischverbrauch am höchsten ist – und dort am niedrigsten, wo man gewöhnlich kein Fleisch ißt.

Ein ähnliches Muster besteht für Krebserkrankungen der Brust, des Gebärmutterhalses, der Gebärmutter und der Eierstöcke sowie der Prostata und der Lunge.

Eine fettarme Ernährung, insbesondere eine mit ungesättigten Fettsäuren, hat sich auch als Vorteil für zahlreiche Diabetiker erwiesen, die dadurch teilweise sogar auf Pillen, Injektionen und Pumpen verzichten können. Eine Studie an mehr als 25 000 Personen im Alter von über 21 Jahren zeigte, daß Veganer und Vegetarier ein weitaus niedrigeres Risiko tragen, an Diabetes zu erkranken als die fleischessende Bevölkerung.

Eine weitere Studie in Südafrika fand nicht einen einzigen Fall von rheumatischer Arthritis in einer Gemeinde von 800 Personen, die weder Fleisch- noch Milchprodukte aßen.

In einer anderen Studie fand man heraus, daß eine ähnlich große Gruppe, die Fleisch und andere fetthaltige Lebensmittel aß, fast viermal so häufig an Arthritis erkrankte wie diejenige, die sich fettarm ernährte.

Eine vegane bzw. vegetarische Ernährungsweise ist auch aus ethischen Gründen überzeugend. Tiere gehören genauso wie Menschen zum Ökosystem und sind im gleichen Maße leidensfähig wie wir. Dies bezieht sich nicht nur auf die Produktion von Fleisch, sondern auch auf die von Milch. Eine Kuh zum

Beispiel muß erst einmal gekalbt haben, bevor sie ihre Milch abgeben kann. Da der Mensch Milch in großen Mengen gewinnen möchte, wird die Kuh mindestens einmal jährlich, zumeist künstlich, befruchtet. Bis wenige Wochen vor der Geburt wird die Kuh täglich gemolken, was für das Tier sehr anstrengend ist. Das Kalb wird der Kuh sofort nach der Geburt entrissen und kurze Zeit später für die Gewinnung von Kalbfleisch getötet oder als »Milchkuh« herangezüchtet. Wie jede Mutter leidet die Kuh darunter, von ihrem Kind getrennt zu werden.

Moralische Betrachtungen oder ethische Bedenken nur auf Menschen zu beziehen ist genauso wenig logisch, wie Moral in direkten Bezug mit verschiedenen Rassen zu setzen. Da das heutige System der Massentierhaltung Schmerzen, Not und Tod für Milliarden von Tieren bedeutet, ist allein dies schon Grund genug, auf jegliche tierische Produkte zu verzichten.

Es ist sehr einfach, Ihre Ernährungsgewohnheiten zu revolutionieren: Jeder Mensch hat bestimmt rund zehn Lieblingsgerichte, unter denen sich meist schon drei vegetarische wie z. B. Spaghetti mit Tomatensauce, Gemüseeintopf oder Kartoffelauflauf befinden. Überlegen Sie doch einfach einmal, welche drei Rezepte noch zu vegetarischen umgewandelt werden könnten. Und wenn Sie schließlich drei – oder mehr – neue Rezepte aus diesem Buch versuchen, werden Sie erstaunt sein, wieviel Spaß es macht, mit diesen neuen, köstlichen und gesunden Zutaten zu experimentieren. Es werden sich dann bestimmt drei weitere Lieblingsgerichte finden – und schon haben Sie es geschafft! Somit stehen Ihnen bereits neun leckere vegetarische Gerichte zur Auswahl.

Die Erde, die Tiere – und natürlich auch Ihr Körper werden es Ihnen danken!

Dr. Neal Barnard
Präsident des »Komitees der Ärzte für eine
Verantwortungsbewußte Medizin«, Washington, USA

Vorspeisen

Pilzpastete

1 mittelgroße Zwiebel, klein gehackt
1 EL Margarine oder Wasser
1 kg frische Pilze, fein geschnitten
4 Knoblauchzehen, zerhackt
2 EL (oder 2 TL getrocknete) gehackte frische Petersilie
2 EL (oder 2 TL getrockneter) gehackter frischer Rosmarin
ca. 2 Tassen Brotkrümel
2 EL Zitronensaft
Salz und Pfeffer

In einem großen Topf die Margarine oder das Wasser erhitzen
und die Zwiebeln glasig dünsten. Nach 10 Minuten die Pilze
dazugeben und diese braten, bis nach 20 bis 30 Minuten die
Flüssigkeit verdunstet ist. Die Pfanne vom Herd nehmen und
die restlichen Zutaten hinzufügen. Sofort heiß servieren.
Diese Gemüse-Version einer Pastete schmeckt besonders
lecker, wenn sie auf Crackern, Toast oder Reiswaffeln serviert
wird. Die Paté kann auch in Blätterteig gebacken werden.

Guacamole

4 reife Avocados
1 Zitrone, gepreßt
1 kleine Zwiebel, gehackt
3 Knoblauchzehen, gehackt
Soja-Creme, falls gewünscht
Salz und Pfeffer zum Abschmecken

Die Avocados mit dem Saft der Zitrone im Mixer pürieren. Zwiebel klein hacken und mit dem Knoblauch unterheben. Mit Salz und Pfeffer würzen. Paßt sehr gut zu Tortilla-Chips.

Pürierte »Gemüseleber«

1 EL Pflanzenöl oder Wasser
1 große Zwiebel, in Scheiben geschnitten
500 g geputzte grüne Bohnen
500 g weicher Tofu
1 TL Paprikagewürz
Salz und Pfeffer zum Abschmecken

Öl oder Wasser in einer mittelgroßen Pfanne erhitzen. Die Zwiebeln unter gelegentlichem Umrühren ungefähr 5 Minuten bräunen, bis sie weich sind. Die grünen Bohnen 10 Minuten über kochendem Wasser dämpfen, bis sie gerade gar sind. Zwiebeln, Bohnen und die verbleibenden Zutaten im Mixer zu einer weichen Masse pürieren. Mindestens 4 Stunden oder über Nacht im Kühlschrank stehenlassen. Das Püree mit Crackern oder Toast servieren. Eine wohlschmeckende und gesunde Alternative zu Tierleber.

Grünkernaufstrich

200 g Grünkern grob geschrotet
1 Zwiebel, ganz fein gehackt
1 EL Olivenöl
$^1/_2$ TL Kräutersalz
frisch gemahlener Pfeffer
1–2 TL Majoran
$^1/_2$ TL Basilikum
1 TL Ganzkornsenf
evtl. etwas Sojasauce
2 geriebene Karotten
30 g Hefeflocken

Den Grünkernschrot in $^1/_2$ bis $^3/_4$ l Wasser mit einem Gemüsebrühwürfel aufkochen und ruhren, bis ein sämiger Brei entsteht. Es genügt, wenn das Getreide ca. 5 Minuten auf kleiner
Flamme köchelt; dabei mehrmals umrühren. Danach sollte es
noch 20 Minuten auf der ausgeschalteten Platte nachquellen.
Die restlichen Zutaten unterrühren und in Gläser oder Kunst-
stoffschalen abfüllen. Kann eingefroren werden.

Gemüse-Nuß-Pastete

Für 2–3 Tassen:

1 EL Pflanzenöl oder Wasser
1 große Zwiebel
1 Handvoll grüne Bohnen, geputzt
100 g Cashew-Nüsse
1 EL Zitronensaft
Salz und Pfeffer zum Abschmecken

Öl oder Wasser in einer kleinen Pfanne erhitzen. Zwiebel langsam bei kleiner Hitze unter ständigem Rühren glasig dünsten. Grüne Bohnen über kochendem Wasser ungefähr 10 Minuten dämpfen. Zwiebel, Bohnen und verbleibende Zutaten im Mixer zu einer weichen Masse pürieren. Die Paté in einer Schüssel sofort servieren. Die Pastete kann im Kühlschrank aufbewahrt werden, sollte vor dem Verzehr aber Raumtemperatur angenommen haben.

Auberginen-Mousse
»Baba Ghanoush«

Für 2–3 Tassen:

1 große Aubergine
2 Knoblauchzehen
3 EL Tahini
3 EL Zitronensaft
$\frac{1}{2}$ TL Salz

Den Ofen auf 180° C vorheizen. Die Aubergine waschen und an verschiedenen Stellen mit der Gabel anpiken. Auf dem Backblech 30–45 Minuten backen, bis die Aubergine weich wird und anfängt, einzufallen. Aus dem Ofen nehmen und abkühlen lassen. Nachdem die Aubergine genügend abgekühlt ist, das Fruchtfleisch mit einem Löffel aus der Schale lösen oder die Haut einfach abziehen. Im Mixer mit den restlichen Zutaten zu einer weichen Masse pürieren. Einen Tag im Kühlschrank stehenlassen, bevor die Mousse serviert wird. Sie kann nach Belieben jedoch auch bei Raumtemperatur angerichtet werden. Dazu Pitta-Fladen oder Cracker reichen.

Avocado-Tofu-Aufstrich

1 reife Avocado
100 g Tofu, zerdrückt
1 Tomate, gewürfelt
1 Knoblauchzehe, zerdrückt
1 Zwiebel, ganz fein gewürfelt
$^1/_2$ Bund Petersilie, fein gehackt
Salz, Pfeffer, Paprika
evtl. etwas Soja-Drink

Die Avocado halbieren, Kern entfernen, Fruchtfleisch mit einem Löffel herausnehmen. Alle Zutaten im Mixer oder mit dem Pürierstab pürieren. Falls die Creme zu fest ist, etwas Soja-Drink dazugeben.

Tofucreme mit Kräutern

250 g Tofu
4 EL Pflanzenöl
4 EL Zitronensaft oder Apfelessig
1 TL Kräutersalz
frisch gehackte Kräuter nach Belieben
2 Knoblauchzehen
evtl. 3 EL Soja-Drink oder Wasser

Alle Zutaten im Mixer oder mit dem Elektro-Handmixer pürieren. Gut durchziehen lassen. Als Brotaufstrich oder auch als Quarkersatz zu Salzkartoffeln sehr lecker.

Tofuaufstrich mit Nüssen

250 g Tofu, püriert
2 gehackte Frühlingszwiebeln
100 g geröstete, gemahlene Nüsse (Haselnüsse, Walnüsse
oder Cashewkerne)
Salz, Pfeffer zum Abschmecken

Nüsse im Ofen auf einem Blech oder in einer trockenen
Pfanne anrösten. Von den Haselnüssen die Schalen entfernen
(das geht gut mit einem Küchentuch, in das die Nüsse einge-
schlagen und abgerubbelt werden). Die geschälten, abgekühl-
ten Nüsse mahlen, mit dem pürierten, gewürzten Tofu vermischen. Abschmecken.

Hummus (Kichererbsenpüree)

Für 4–6 Portionen:

150 g getrocknete Kichererbsen oder 1 große Dose
1 Knoblauchzehe, gehackt
Saft von $^1/_2$ Zitrone
Salz, Pfeffer
$^1/_2$ TL Kreuzkümmel (Cumin)
1–2 EL Olivenöl
1–2 EL Wasser
$^1/_2$ Bund gehackte Petersilie
3 EL Tahini

Kichererbsen über Nacht in Wasser einweichen.
Am nächsten Tag die Kichererbsen im Einweichwasser aufkochen und bei niedriger Hitze ca. 1 Stunde garen. Im Schnellkochtopf geht es entsprechend schneller – je nach Qualität
der Hülsenfrüchte 25–35 Minuten. Die Kichererbsen mit den
anderen Zutaten pürieren. Wenn das Hummus zu fest ist,
noch etwas Wasser dazugeben. Dazu passen Tortillachips, tür-
kisches Fladenbrot oder Baguette.

Kräutermargarine

125 g Margarine
2 Knoblauchzehen, zerdrückt
Kräutersalz, Pfeffer, Curry, Kurkuma
$^1/_2$ Bund Petersilie
$^1/_2$ Bund Schnittlauch
$^1/_2$ Bund Dill

Die Kräuter fein schneiden oder im Mixer zerhacken. Alle Zutaten mit der Gabel gut vermischen und auf ein Baguette streichen, das anschließend im Backofen bei 200° C noch 10 Minuten erhitzt wird.

Sesamaufstrich

150 g Sesam
3–4 Zwiebeln, gewürfelt
125 g Margarine
2–3 TL Majoran
Salz, Pfeffer zum Abschmecken

Den Sesam in einer beschichteten heißen Pfanne unter ständigem Rühren anrösten, etwas abgekühlt in den Mixer geben und fein mahlen. 4 EL Margarine in der Pfanne erhitzen und die Zwiebeln darin andünsten. Das restliche Fett und die Gewürze zugeben. Alles vermischen und nochmals abschmecken.

Tomaten-Auberginen-Aufstrich
mit Kräutern

2 große Auberginen
1 große Knoblauchzehe, zerquetscht
2 reife Tomaten, die Samen entfernt, kleingeschnitten
2 EL Olivenöl
2 TL Zitronensaft
2 TL gehacktes frisches Basilikum
2 TL gehackte frische Petersilie
Salz und Pfeffer zum Abschmecken

Den Ofen auf 180° C vorheizen. Auberginen waschen und mit einer Gabel an verschiedenen Stellen anpiken. Auf dem Backblech 30–45 Minuten backen, bis die Auberginen weich werden und anfangen einzufallen. Aus dem Ofen nehmen und abkühlen lassen. Nachdem die Auberginen genügend abgekühlt sind, diese halbieren und das Fruchtfleisch mit einem Löffel herausschaben oder einfach die Haut abziehen. In kleine Würfel schneiden oder pürieren und in einer großen Schüssel mit den verbleibenden Zutaten gut verrühren. Bei Raumtemperatur oder gekühlt servieren.

Pakoras

Für 25–30 Stück:

150 g Kichererbsenmehl
1 TL Salz
$^1/_4$ TL gemahlener Kreuzkümmel
$^1/_4$ TL Oregano
$^1/_4$ TL Paprika
1 Msp Cayennepfeffer
1 große Kartoffel, gepellt und in dünne Scheiben
geschnitten
4 EL Pflanzenöl
1 große Zwiebel, geschält und in Ringe geschnitten

Kichererbsenmehl, Salz, Kreuzkümmel, Oregano, Paprika und Cayennepfeffer mit genügend Wasser zu einem glatten, dicken Teig verrühren und beiseite stellen. Die Kartoffelscheiben kochen, bis sie fast gar sind. Abgießen und evtl. mit Küchenpapier überschüssiges Wasser wegtupfen. Öl in einer Bratpfanne auf großer Flamme erhitzen. Zwiebelringe und Kartoffelscheiben in dem Teig wälzen, bis sie ganz überzogen sind. In dem Öl knusprig ausbacken. Überschüssiges Öl mit Küchenpapier abtupfen und die fritierten Häppchen heiß servieren.
Eine beliebte Speise aus der indischen Küche, die sich mit einem Dip gut als Vorspeise oder als Beilage zu Reisgerichten eignet.

Gefüllte Tacos

Für 12 Portionen:

150 ml Wasser
1 kleine Zwiebel, gehackt
2 Knoblauchzehen, gepreßt
1 kleine grüne Paprikaschote, gewürfelt
200 g Sojagranulat
100 ml Tomatensauce
2 TL Chilipulver
$^1/_2$ TL Kreuzkümmel
$^1/_4$ TL Oregano
1 EL Trockenhefe (nach Belieben)
1 EL salzarme Sojasauce
12 Maismehl-Tortillas (fertig gekauft oder hergestellt
nach Rezept auf Seite 121)
4 Frühlingszwiebeln, in Scheiben geschnitten
1 Salatkopf, in Streifen geschnitten
1 mittelgroße Tomate, gewürfelt
50 ml Mexikanische Salsa (siehe Seite 22)

Die Hälfte des Wassers in einem großen Topf erhitzen, Zwiebel, Knoblauch und Paprika dazugeben und bei mittlerer Hitze ungefähr 5 Minuten köcheln lassen, bis die Zwiebel weich wird. Sojagranulat, Tomatensauce, Chilipulver, Kreuzkümmel, Oregano, Hefe, Sojasauce und verbliebenes Wasser hinzufügen. Ca. 3 Minuten köcheln, bis die Flüssigkeit beinahe verdunstet ist. Jeweils 2–3 EL der Füllung auf den Tortillas verteilen und in eine heiße, ungefettete Pfanne legen. Wenn sie warm und weich werden, die Tortillas zur Hälfte falten und von jeder Seite 30–60 Sekunden braten. Mit Zwiebeln, Salat, Tomaten und Salsa garnieren.

Gefüllte Selleriestangen

Für ca. 1 Tasse Füllung:

4 EL Erdnußbutter
3 TL Soja-Drink
3 TL Sojasauce oder Tamari
$1/_4$ TL gemahlener Ingwer
ca. 50 g geröstete Sesamsamen (kleine Packung)
Selleriestangen (Staudensellerie), nach Belieben

In einer kleinen Schüssel die Zutaten in angegebener Reihenfolge zu einer Creme verrühren. Die Selleriestangen mit der Creme füllen und in gewünschte Größe schneiden.
Diese Creme ist auch mit Bananen ein Genuß!

Mexikanische Salsa

Für 6 Portionen:

2 große Dosen geschälte Tomaten, abgetropft und geschnitten
200 g gehackte und abgetropfte grüne Chilis
(Jalapeños aus dem Glas)
150 g entkernte Oliven, abgetropft und geschnitten
8 Frühlingszwiebeln, gehackt
50 ml Tafelessig
5 EL Olivenöl
2 TL Knoblauchsalz oder 2 frische, gehackte Knoblauchzehen

Alle Zutaten in einer Schüssel gut vermischen und anschließend ca. 1 Stunde kühlen. Die Zutaten sollten möglichst klein geschnitten sein. Umrühren, bevor die Salsa mit Mais-Tortilla-Chips serviert wird. Eine pikante Vorspeise, die zu allen würzigen Gerichten paßt.

Tomaten mit Tofu und Basilikum

4 Tomaten, vom Strunk befreit und in Scheiben geschnitten
100 g Tofu, halbiert und in hauchdünne Scheiben geschnitten
2 Knoblauchzehen, zerdrückt
5 EL Balsamico-Essig
2 EL Olivenöl
Salz, Pfeffer
1 Bund frisches Basilikum

Pro Person eine Tomate in Scheiben auf einem kleinen Teller anordnen, salzen und pfeffern. Die Tofuscheiben in dem Balsamico-Essig marinieren und auf die Tomaten legen. Ebenfalls salzen, pfeffern und den durchgedrückten Knoblauch auf dem Tofu verteilen. Mit Olivenöl beträufeln und mit Basilikumblättchen dekorieren. Frisches Knoblauch-Baguette dazu servieren.

Falafel – Kichererbsenbällchen

Für 4–6 Portionen:

1 große Dose oder 150 g getrocknete Kichererbsen
1 Zwiebel
1 Knoblauchzehe
$^1/_2$ TL Kreuzkümmel (Cumin)
1 TL Salz
1 Prise frisch gemahlener Pfeffer
2 EL Mehl
frische Korianderblätter (Cilantro), gehackt
200 g Kokosfett zum Ausbacken

Kichererbsen über Nacht in Wasser einweichen, so daß sie gut bedeckt sind. Am nächsten Tag Einweichwasser wegschütten, die Kichererbsen in einem Sieb unter fließendem Wasser abspülen, danach wieder in den Topf geben und mit frischem Wasser bedecken. In ca. 1 Stunde weich kochen. Im Mixer die Zwiebel und den Knoblauch fein hacken. Die Kichererbsen dazugeben und pürieren. Die Gewürze und das Mehl unterkneten. Mit nassen Händen kleine Kugeln formen und in heißem Öl goldbraun braten.

Wenn keine Friteuse zur Hand ist, eignet sich am besten ein Topf mit kleinem Durchmesser, der zu einem Drittel mit Kokosfett gefüllt wird. Warten, bis das Fett heiß ist.

Mit dem Kochlöffelstiel läßt sich folgender Test machen: Stiel ins Fett tauchen. Wenn rund um den Stiel kleine Bläschen zu sehen sind, ist das Fett heiß genug.

Die Temperatur kann heruntergeschaltet werden, sonst werden die Bällchen außen schwarz und bleiben innen roh.

Dazu paßt ein beliebiger Rohkostsalat und eine Tofucreme (siehe Seite 16).

Spinattaschen

Für 6 große oder 12 kleine Taschen:

500 g frischer oder gefrorener Blattspinat
1 große, rote Gemüsezwiebel, gehackt
4 EL Wasser
$^1/_2$ Bund frischgehackte Petersilie
1 $^1/_2$ TL getrockneter Dill
$^1/_2$ TL Salz
$^1/_4$ TL schwarzer Pfeffer
2 EL Zitronensaft
6 Scheiben gefrorener Blätterteig
1–2 EL Olivenöl

Die Blätterteigscheiben auftauen lassen. Die Stengel vom Spinat entfernen und die Blätter waschen. Grob hacken und zur Seite stellen. In einem großen Topf die Zwiebel in Wasser weich kochen, dann Petersilie, Dill, Salz, Pfeffer und gehackten Spinat unterrühren. Bei mittlerer Hitze unter gelegentlichem Rühren kochen, bis der Spinat zusammenfällt und die Flüssigkeit verdunstet ist. Dann den Zitronensaft hinzufügen. Den Ofen auf 190° C vorheizen.
In die Mitte jeder Blätterteigscheibe 2 EL Spinatfüllung setzen und die Ränder mit Wasser befeuchten. Zu einer Tasche überklappen und die Ränder mit einer Gabel fest andrücken. Mit Olivenöl bestreichen und auf ein Backblech legen. Zu quadratischen Scheiben durchgeschnitten können Sie auch jeweils eine Ecke zu einer dreieckigen Tasche umklappen. Hier jeweils nur ca. 1 EL Füllung plazieren. Die Spinattaschen etwa 25 Minuten goldbraun backen. Sie schmecken heiß oder kalt.

Knoblauchbrot

Für ca. 10 Scheiben:

1 große Knoblauchknolle
1–2 TL italienische Gewürzkräuter (nach Belieben)
1 Baguettestange, in Scheiben geschnitten

Die ungepellte Knoblauchknolle bei 200° C etwa 30 Minuten im Ofen backen, bis sie sich auf Druck weich anfühlt. Dann die Zehen pellen oder aus der Haut quetschen und mit einer Gabel zu einer Paste zermusen. Falls gewünscht, die italienischen Kräuter untermischen und die Knoblauchpaste auf die Baguettescheiben streichen. Fest in Aluminiumfolie wickeln und ungefähr 20 Minuten bei 180° C backen.
Ein würziges Brot für den kleinen Hunger zwischendurch!

Kräuter-Zwiebel-Brot

75 ml Soja-Drink
1 1/2 EL Zucker
1 TL Salz
1 EL Margarine
1 Päckchen Trockenhefe
75 ml lauwarmes Wasser
175 g Weizen- oder Vollkornmehl
1/2 kleine Zwiebel, gehackt
1/2 TL getrockneter Dill
1 TL getrockneter Rosmarin, zerdrückt

Den Soja-Drink vorsichtig erhitzen, bis am Rand der Pfanne kleine Blasen aufsteigen, dann Zucker, Salz und Margarine einrühren. Auf lauwarme Temperatur abkühlen lassen. In einer großen Schüssel die Hefe im lauwarmen Wasser auflösen. Die abgekühlte Sojamilch-Mischung, Mehl, Zwiebeln und Kräuter hinzufügen und mit einem hölzernen Löffel gut verrühren. Wenn der Teig geschmeidig ist, die Schüssel mit einem Tuch bedecken und den Teig an einem warmen Platz ungefähr 45 Minuten gehen lassen, bis sich das Volumen verdreichfacht hat. Den Ofen auf 180° C vorheizen. Den Teig bearbeiten, bis er zusammensinkt und einige Minuten energisch durchkneten. Anschließend in eine gefettete Brotform geben. An einem warmen Platz 10 Minuten stehenlassen, dann 1 Stunde backen.
Dieses Brot schmeckt großartig einfach nur pur oder mit ein wenig Margarine bestrichen.

Kartoffelpuffer

8 mittelgroße Kartoffeln, gekocht und durchgedrückt
oder zerstampft
75 g Mehl
Ei-Ersatz für 1 ¹/₂ Eier
Salz zum Abschmecken
Pflanzenöl zum Braten

Kartoffeln, Mehl, Ei-Ersatz und Salz vermengen. Die Mischung auf ein mit Mehl bestäubtes Brett geben und so lange kneten, bis ein Teig entsteht. Mehl hinzufügen, bis der Teig nicht mehr klebrig ist. Den Teig nicht zu dünn ausrollen und mit einem Trinkglas runde Formen ausstechen. In einer Pfanne wenig Öl erhitzen und die Puffer braten, bis sie auf beiden Seiten goldbraun sind. Mit Apfelmus servieren.
Schmeckt köstlich zu jeder Tageszeit, auch hervorragend mit Avocadocreme (siehe Seiten 12 und 16).

Kürbis-Muffins

Für ca. 12 Muffins:

175 g Mehl
100 g brauner Zucker
1 EL Backpulver
1 TL gemahlener Zimt
$^1/_4$ TL Salz
$^1/_2$ TL Natron (oder Backpulver)
$^1/_4$ TL geriebene Muskatnuß
1 Prise gemahlener Ingwer oder Nelken
250 g Püree aus frischem Kürbis oder
1 kleine Dose Kürbispüree
75 ml Soja-Drink
Ei-Ersatz für 2 Eier
4 5 EL Margarine

Den Ofen auf 180° C vorheizen. Ein tiefes Backblech mit wenig Öl ausstreichen. In einer großen Schüssel 1 Tasse Mehl, braunen Zucker, Backpulver, Zimt, Salz, Natron, Muskatnuß und Ingwer oder Nelken mischen. Dann Kürbispüree, Sojamilch, Ei-Ersatz und Margarine hinzufügen. Mit einem Rührgerät alle Zutaten gut mischen. Das verbleibende Mehl dazuschütten und weiter gut durchrühren. Den Teig auf dem Backblech verstreichen, maximal auf $^2/_3$ Höhe, und 1 Stunde backen. Mit Gabel oder Zahnstocher reinstechen und backen, bis diese sauber herauskommen. Den Kuchen in 12 Quadrate teilen.
Für typische Muffins benötigen Sie 2 Muffin-Bleche aus dem Fachhandel.

Mariniertes Gemüse

200 g Champignons, die Stiele entfernt
2 rote und 2 gelbe Paprikaschoten,
in große Stücke geschnitten
2 Zucchini
4 Knoblauchzehen
6 EL Olivenöl
1 TL Gemüsebrühe aus dem Glas
Salz, Pfeffer zum Abschmecken
1 Lorbeerblatt
frischer Rosmarin
Tamarisauce nach Geschmack
4 EL Balsamico-Essig
4 EL Rotwein

Geschälten Knoblauch in Scheiben schneiden, die Champignons halbieren, Zucchini in dicke Scheiben schneiden. Das Öl erhitzen, Paprikastücke und den Knoblauch andünsten. Das restliche Gemüse zugeben, mit $1/8$ l Wasser und etwas würziger Brühe auffüllen. 10 Minuten auf kleiner Flamme köcheln lassen. Mit Balsamico-Essig und dem Rotwein ablöschen, danach würzen und in eine Schüssel geben. Lauwarm oder kalt als Vorspeise mit Baguette oder Fladenbrot servieren.

Skordalia – griechische Vorspeise

250 g gekochte, zerdrückte Kartoffeln
3 Knoblauchzehen, zerdrückt
Salz, Pfeffer zum Abschmecken
etwas Olivenöl
1 Bund feingehackte Petersilie

Alles pürieren und durchziehen lassen. Diese griechische Spezialität mit Oliven, Peperoni, gefüllten Weinblättern und einem Salat zu Fladenbrot servieren.

Tempeh-Chips mit Erdnußsauce

1 Paket Tempeh, in Scheiben geschnitten
Sesamöl bzw. Kokosfett

In einem kleinen Topf mit ca. 2 cm erhitztem Kokosfett die Tempeh-Scheiben goldgelb fritieren oder in einer Pfanne Sesamöl erhitzen und die Tempeh-Stücke darin knusprig braten. Dazu eine Erdnußsauce reichen.

FÜR DIE ERDNUSSAUCE:

1 EL Erdnußöl oder anderes Pflanzenöl
1 feingehackte Zwiebel
3 durchgedrückte Knoblauchzehen
1–2 EL Sojasauce
1 Dose Kokosmilch oder Wasser
100 g Erdnußmus (aus dem Glas)
1 Prise Chilipulver
Saft von ¹/₂ Zitrone
1 Prise Zucker

Die Zwiebel und den Knoblauch im heißen Öl glasig dünsten. Mit Sojasauce ablöschen und die Kokosmilch (oder Wasser) hinzufügen. Das Erdnußmus unterrühren und die Gewürze zugeben. Alles mixen und zu den Tempeh-Chips reichen.

Tofuscheiben gebraten

200 g Tofu, in ca. $^1/_2$ cm dicke Scheiben geschnitten
Sojasauce
Öl zum Braten

Den Tofu in Sojasauce einlegen und in einer Pfanne in heißem Öl beidseitig gut anbraten.
Schmeckt gut auf Brot oder mit gebratenen Zwiebeln und anderem Gemüse als kleine Zwischenmahlzeit.

Tip: Man kann den marinierten Tofu vor dem Braten auch in Vollkornmehl wenden, dann bekommt er eine leckere braune Kruste.

Suppen

Blumenkohlcremesuppe

2 Zwiebeln, gewürfelt
2 EL Sonnenblumenöl
1 mittelgroßer Blumenkohl, zerkleinert
1 l Wasser
1 TL Salz
3–4 EL weißes Shiro-Miso
Saft von 1 Zitrone
1 Blatt geröstetes Nori, mit der Schere in Streifen
geschnitten

Die Zwiebeln in dem Öl glasig dünsten, den Blumenkohl, das Wasser und das Salz zugeben und garen. Danach pürieren, das Miso in kaltem Wasser anrühren und mit dem Zitronensaft zur Suppe geben. Mit Salz und Pfeffer abschmecken, mit den Noristreifen garnieren.

Alternativ zur Version mit Miso und Algen den Blumenkohl mit einem Gemüsebrühwürfel garen, mit Sojamilch verfeinern und mit gehackter Petersilie bestreuen.

Karotten-Paprika-Suppe

1 Zwiebel, gehackt
6 Karotten, in dünne Scheiben geschnitten
300 ml Wasser oder Gemüsebrühe
2 rote Paprikaschoten, geröstet
300 ml Soja-Drink
2 TL Zitronensaft
2 TL Balsamico-Essig
$^1/_2$ TL Salz
$^1/_4$ TL frisch gemahlener, schwarzer Pfeffer

In einem großen Topf Wasser bzw. Gemüsebrühe mit Zwiebel und Karotten zum Kochen bringen und ca. 20 Minuten köcheln lassen, bis die Karotten weich sind.
Die Paprikaschoten auf einem Rost bei 200° C etwa 15 Minuten grillen, bis die Haut anfängt, dunkel zu werden. Dann in eine Schüssel geben, bedecken und für ca. 15 Minuten beiseite stellen. Danach die Haut abpellen, die Schoten halbieren und entkernen. Die Karottenmischung mit Paprika portionsweise pürieren, Soja-Drink hinzufügen und in den Topf zurückgeben. Mit Zitronensaft, Balsamico, Salz und Pfeffer abschmecken. Vor dem Servieren noch einmal erhitzen.

Indische Linsensuppe – Dhal

Für 4–6 Portionen:

1 Zwiebel
1 Knoblauchzehe
2 EL Margarine
1 TL schwarze Senfkörner
1 TL Cumin (Kreuzkümmel)
1 TL Kurkuma
$^{1}/_{2}$ TL Koriander (oder statt der 4 Gewürze ein paar TL
Garam Masala, eine fertige Gewürzmischung)
2 TL scharfer Curry
2 getrocknete Chilischoten, zerbröselt
1 TL frischer Ingwer, gerieben und der Saft ausgepreßt
2 l Wasser
1 Zimtstange
1 Lorbeerblatt
250 g rote Linsen
2 Gemüsebrühwürfel
1–2 TL Salz
3 Karotten
1 Stange Lauch
Curry, Piment, Kräutersalz und Pfeffer zum Abschmecken
2 Zitronen, in Scheiben geschnitten
1 Päckchen Pappadam (hauchdünne fertige Erbsen- oder
Linsenfladen aus dem Orientladen)

Die Zwiebel mit der Knoblauchzehe in dem Fett andünsten. Die Gewürze bis auf das Lorbeerblatt, die Chilis und die Zimtstange zugeben und unter ständigem Rühren kurz mit anschwitzen. Mit Wasser und Brühwürfeln auffüllen, salzen, Lorbeerblatt, Chilis und die durchgebrochene Zimtstange dazugeben. Wenn das Wasser kocht, die gewaschenen Linsen zufügen und ungefähr 10–15 Minuten köcheln lassen. Gelegentlich den Schaum abschöpfen, der sich an der Oberfläche

bildet. Die in Scheiben geschnittenen Karotten und den fein-
geschnittenen Lauch zufügen.

Den Topf zudecken und auf kleiner Flamme köcheln lassen,
bis das Gemüse gar ist. Mit Curry, Koriander, Kräutersalz und
Pfeffer abschmecken, gut umrühren, auf Teller verteilen und
mit jeweils einer Zitronenscheibe servieren. Dazu passen sehr
gut im Ofen oder in der Pfanne gebackene Pappadams.

Karottensuppe mit Orangensaft und Shiro-Miso

250 g Karotten
1 Zwiebel, halbiert und in Scheiben geschnitten
2 EL Sonnenblumenöl
750 ml Wasser
1–2 EL weißes Shiro-Miso
frisch gepreßter Orangensaft von 1–2 Orangen
1 TL Salz
1 Blatt geröstete Nori-Alge, mit der Schere in Streifen
geschnitten

Die Zwiebeln in dem heißen Öl golden dünsten, die gehobel-
ten Karotten zugeben. Mit Wasser bedecken, salzen und zum
Kochen bringen. Ca. 20 Minuten köcheln lassen. Die Suppe
pürieren, den Orangensaft und das in kaltem Wasser angerührte Miso in die Suppe geben und 2 Minuten leicht
köcheln. In Suppenteller füllen und mit den gerösteten Nori-
Streifen garnieren.

Kartoffel-Gemüse-Suppe

250 g Zwiebeln, gewürfelt
1 Sellerieknolle, gewürfelt
2 EL Öl
850 ml Wasser
1 Gemüsebrühwürfel
250 g Kartoffeln, gewürfelt
2 Lorbeerblätter
Kräutersalz, Pfeffer
Schnittlauch, gehackt
$^1/_2$ Packung Soja-Creme

Die Zwiebeln und den Sellerie in Öl andünsten. Die restlichen Zutaten außer dem Schnittlauch und der Soja-Creme zugeben. 20 Minuten auf kleiner Flamme köcheln lassen. Die Soja-Creme unterrühren. In Tellern servieren und mit Schnittlauch bestreuen.

Knoblauchrahmsuppe

50–60 g durchgepreßter Knoblauch
50 g Margarine oder Sonnenblumenöl
50 g Mehl
1 l Soja-Drink
1 Lorbeerblatt
2 TL Salz
1 Prise frisch gemahlener Pfeffer
etwas Muskat
2 Scheiben altbackenes Brot, gewürfelt und in Margarine
angeröstet

Den Knoblauch in dem Fett anschwitzen. Das Mehl unterrühren und unter ständigem Rühren nach und nach den Soja-Drink aufgießen, würzen und mit dem Schneebesen umrühren, sonst brennt die Suppe an. Ca. 10 Minuten köcheln lassen, dabei immer wieder umrühren. Die Suppe pürieren, aber vorher das Lorbeerblatt entfernen. Mit frisch gerösteten Croûtons und etwas gehobelter Petersilie bestreuen.

Kürbiscremesuppe

2 Zwiebeln, gewürfelt
3 EL Sonnenblumenöl
750 g orangeroter Kürbis
1–2 Gemüsebrühwürfel
1–2 TL Salz
frisch gemahlener Pfeffer
1 TL Zimt
2 TL Curry
etwas kleingehackte Petersilie
1 Dose Kokosmilch
frisch geraspelter Ingwer

Die Zwiebeln in dem Öl glasig dünsten. Den Kürbis vom Kernhaus befreien, das Fruchtfleisch in Würfel schneiden und zu den Zwiebeln geben. Mit so viel Wasser auffüllen, daß der Kürbis gerade bedeckt ist. Brühwürfel, Salz, Pfeffer, Zimt und Curry unterrühren und auf kleiner Flamme ca. 10 Minuten köcheln lassen, bis der Kürbis gar ist. Die Kokosmilch unterrühren und die Suppe pürieren. Auf Teller verteilen und mit gehackter Petersilie und geriebenem Ingwer bestreuen.

Minestrone

1 Zwiebel, gehackt
2 Knoblauchzehen, gehackt
2 EL Olivenöl
4 Karotten, in Scheiben geschnitten
$^1/_2$ Blumenkohl, in Röschen zerteilt
Zucchini, in dicke Scheiben geschnitten
1 Brokkoli, in Röschen zerteilt
4 dicke Kartoffeln, geschält und gewürfelt
$^1/_2$ Sellerieknolle, gewürfelt
1 Stange Lauch, halbiert und in Scheiben geschnitten
1 Gemüsebrühwürfel
Salz, Pfeffer, Thymian

Die Zwiebel und den Knoblauch im Öl glasig dünsten. Das Gemüse zugeben, mit Wasser bedecken und würzen. Das Gemüse nur so lange garen, daß es noch Biß hat. Für diese Suppe eignen sich auch viele andere Gemüsesorten und Reste vom Vortag.

Steckrübensuppe

1 Zwiebel, gewürfelt
2 EL Olivenöl
2 große Steckrüben, geschält und gewürfelt
1 l Wasser
1–2 Gemüsebrühwürfel
6 Kartoffeln, gewürfelt
Kräutersalz, Pfeffer
gehackte Kräuter
evtl. $^1/_2$ Packung Soja-Creme oder $^1/_4$ l Soja-Drink

Die Zwiebel in dem Öl glasig dünsten, Steckrüben- und Kartoffelwürfel zugeben und mit Wasser und Gemüsebrühwürfeln auffüllen. Auf kleiner Flamme garen. Mit Kräutersalz und Pfeffer würzen und mit gehackten Kräutern bestreuen. Die Suppe kann auch püriert werden.
Am Schluß Soja-Creme oder Soja-Drink unterrühren.

Tomatensuppe

1 kg vollreife Tomaten, mit heißem Wasser übergossen,
geschält und gewürfelt
2 Zwiebeln, gewürfelt
2 EL Olivenöl
1 Lorbeerblatt
$^1/_2$ l Soja-Drink
$^1/_2$ l Wasser
1 Prise Thymian
schwarzer Pfeffer und Kräutersalz zum Abschmecken
1 Gemüsebrühwürfel
etwas gehackte Petersilie
3 Scheiben altbackenes Brot, gewürfelt und in Margarine
angebräunt.

Die Zwiebeln in dem Öl glasig dünsten, die restlichen Zutaten dazugeben und 15 Minuten auf kleiner Flamme köcheln lassen. Die Suppe kann püriert werden, vorher jedoch das Lorbeerblatt entfernen. Mit gerösteten Weißbrotwürfeln und Petersilie servieren.

Zucchinicremesuppe

2 Zwiebeln, halbiert und in Scheiben geschnitten
3 EL Olivenöl
6 dicke Zucchini, in Scheiben geschnitten
2 Karotten, in Scheiben geschnitten
1 Gemüsebrühwürfel
Pfeffer und Salz zum Abschmecken
1 Prise Curry
$^1/_2$ Bund Petersilie, gehackt

Die Zwiebeln in dem heißen Öl andünsten, das Gemüse dazugeben und so viel Wasser angießen, daß das Gemüse gut
bedeckt ist. Alle Gewürze bis auf die Petersilie unterrühren.
Wenn die Karotten gar sind, die feingehackte Petersilie zufügen und die Suppe pürieren.

Champignoncremesuppe mit Croûtons

3 EL Margarine
2 Zwiebeln, fein gehackt
2 Knoblauchzehen, zerdrückt
500 g Champignons, geputzt und in Scheiben geschnitten
100 ml trockener Weißwein
1 Gemüsebrühwürfel
1 Packung Soja-Creme
$^1/_4$ Bund gehackte Petersilie
2 Scheiben Brot, gewürfelt und in heißer Margarine angeröstet

Die Zwiebeln und den Knoblauch im heißen Fett andünsten,
Pilze zufügen und nach wenigen Minuten mit Wein ablösen.
Wasser und Brühwürfel sowie die Sojasahne zugeben und
kurz aufkochen. Auf Teller verteilen und mit Croûtons und
Petersilie bestreuen.

Sellerie-Karotten-Suppe

40 g Margarine
1 Zwiebel, gewürfelt
2 Knoblauchzehen, durchgedrückt
350 g Karotten, gewürfelt
800 g Sellerie, geschält und gewürfelt
2 Gemüsebrühwüfel
600 ml Soja-Drink
1 EL Zitronensaft
Salz, Pfeffer nach Geschmack
Schnittlauchröllchen

Die Zwiebel und den Knoblauch im heißen Fett dünsten. Das Gemüse zugeben und unter ständigem Rühren kurz anbraten. So viel Wasser auffüllen, daß das Gemüse bedeckt ist und die Brühwürfel zugeben. Auf kleiner Flamme garen. Die Suppe pürieren und den Soja-Drink unterrühren. Mit Zitronensaft, Salz und Pfeffer abschmecken. Die Suppe kann mit Knoblauch-Croûtons (in Würfel geschnittenes Brot, das in heißem Fett mit Knoblauch angebraten wird), schwarzem Pfeffer oder mit Schnittlauch garniert werden.

Gemüseeintopf

Für 6 Portionen:

3 EL Margarine, Pflanzenöl oder etwas Wasser
2 große Zwiebeln, gewürfelt
$^1/_2$–1 Knolle Sellerie, in Stücke geschnitten
30 g ungebleichtes Mehl
$^1/_2$ l Gemüsebrühe
1 kleiner Kopf Brokkoli, in Röschen zerteilt
3 Karotten und 2 Zucchini, beides in Scheiben geschnitten
3–4 gewürfelte Tomaten
$^1/_2$ l Soja-Drink
1 Packung Soja-Creme
1 EL Salz
etwas Pfeffer
1 EL frische Thymianblätter

In einem großen Topf die Margarine oder das Wasser stark erhitzen. Zwiebeln und Sellerie zufügen und die Zwiebeln in ungefähr 5 Minuten glasig dünsten. Mit dem Mehl unter ständigem Rühren bestäuben, nach 2 Minuten beiseite stellen. In einem weiteren großen Topf die Gemüsebrühe bei starker Hitze zum Kochen bringen. Brokkoli und Karotten dazugeben und bei mittlerer Hitze 3 Minuten kochen. Zucchini und Tomaten zufügen und weitere 3 Minuten oder so lange kochen, bis das Gemüse weich, aber noch knackig ist. Den Gemüsesud ohne Gemüse in die Zwiebel-Mehl-Mischung gießen. Den Sud bei mittlerer Hitze aufkochen und unter ständigem Rühren andicken lassen. Gemüse, Soja-Creme, Soja-Drink, Salz, Pfeffer und Thymian hinzugeben. Köcheln, bis alles gründlich gargezogen ist. Sofort servieren.

Kalte Gurkensuppe

Für 4–6 Teller:

2 TL Pflanzenöl
5 Gurken, geschält, entkernt und geschnitten
3 Knoblauchzehen
2 mittelgroße Zwiebeln, gehackt
gut $^1/_2$ l Gemüsebrühe
$^1/_2$ Bund gehackter frischer Dill
Pfeffer zum Abschmecken
150 ml Soja-Drink

In einem großen Topf das Öl erhitzen und Gurken, Knoblauchzehen und Zwiebeln ungefähr 5 Minuten schwenken, bis die Zwiebeln glasig sind. Die Brühe hinzufügen und 15 bis 20 Minuten köcheln lassen, bis die Gurken weich sind. Die Suppe vom Herd nehmen und im Mixer pürieren.
Während die Mischung noch warm ist, den Dill unterrühren und mit Pfeffer würzen. Erkalten lassen. Den Soja-Drink erst vor dem Servieren unterrühren. Eine leichte Mahlzeit für heiße Tage.

Kartoffelsuppe mit geschälten Erbsen

Für 6–8 Teller:

450 g grüne, geschälte Trockenerbsen
1 $^1/_2$ l Wasser
1 große Zwiebel, gehackt
1 TL Knoblauchpulver oder 1 frische, zerdrückte
Knoblauchzehe
1 TL getrockneter Oregano
1 TL Currypulver
$^1/_2$ TL Pfeffer
$^1/_2$ TL Salz
1 Lorbeerblatt
2 große, geschälte Karotten, in Scheiben geschnitten
3 mittelgroße, gepellte Kartoffeln, in Würfel geschnitten
2 geschnittene Selleriestangen

In einem großen Kochtopf Erbsen, Wasser, Zwiebel und Gewürze ohne Deckel 1 Stunde köcheln lassen. Karotten, Kartoffeln und Selleriestücke zugeben. Mit Deckel 45 Minuten unter gelegentlichem Umrühren weiterköcheln. Lorbeerblatt entnehmen und die Suppe im Mixer pürieren. Vor dem Servieren noch einmal erwärmen.

Zwiebelsuppe

2 EL Pflanzenöl (oder Wasser)
2–3 große Zwiebeln, in Ringe geschnitten
4 EL Mehl
$^1/_2$ l Wasser
4 EL Sojasauce oder Tamari
4 Scheiben getoastetes Baguette oder Croûtons

Öl oder Wasser in einem großen Kochtopf auf mittlerer Flamme erhitzen. Zwiebeln hinzufügen und 2 Minuten braten. Mehl dazugeben und die Zwiebeln umrühren, bis sie ganz mit Mehl bedeckt sind. Wasser und Sojasauce oder Tamari angießen und weiter gut rühren. Die Suppe zum Kochen bringen, dann bei niedriger Hitze im geschlossenen Topf köcheln lassen, bis die Zwiebeln gar sind. Falls die Suppe zu dick wird, einfach noch mehr Wasser hinzugießen. In Suppentellern servieren, mit Baguettescheiben oder Croûtons garnieren.

Salate

Bohnen-Paprika-Mais-Salat

Für 4–6 Portionen:

1 kleine Dose Kidneybohnen, in einem Sieb gut abgespült
1 Dose Gemüsemais, abgetropft
1 rote, 1 gelbe und 2 grüne Paprikaschoten, gewürfelt
4 Tomaten, geachtelt
1 Bund Petersilie, fein gehackt
1 Zwiebel, gewürfelt
4 EL Olivenöl
2 EL Rotweinessig
1 TL Ganzkornsenf
Salz, Pfeffer
Sojasauce nach Geschmack

Alle Zutaten gut vermischen und durchziehen lassen. Mit Fladenbrot oder Baguette servieren. Eignet sich hervorragend als Partysalat.

Bulgur-Salat (Tabouleh)

Für 4–6 Portionen:

200 g Bulgur oder Couscous
400 ml Wasser
2 Bund Petersilie, fein gehackt
4 Tomaten, gewürfelt
5 Knoblauchzehen, durchgepreßt
2 ausgepreßte Zitronen
5 EL kaltgepreßtes Olivenöl
Salz, Pfeffer nach Geschmack

Den Bulgur in kochendes Wasser schütten und 5 Minuten köcheln, dann bei geschlossenem Topf ausquellen lassen. Den Couscous lediglich mit kochendem Wasser übergießen und mit einer Gabel lockern.
Alle übrigen Zutaten mit dem kalten Bulgur oder Couscous vermischen und ein paar Stunden durchziehen lassen. Ein beliebter Partysalat!

Eisbergsalat mit Alfalfa-Sprossen

1/2 Kopf Eisbergsalat
200 g Alfalfa-Sprossen (Luzerne)
4 Tomaten, geachtelt
1 Bund Schnittlauch, fein geschnitten
1 Knoblauchzehe, fein gehackt
3 EL kaltgepreßtes Olivenöl
2 EL Balsamico-Essig
1 TL Ganzkornsenf
Salz, Pfeffer nach Geschmack

Den Eissalat vierteln, vom Strunk befreien und in große Stücke schneiden. Auf Tellern zusammen mit den Tomaten, den Sprossen und dem Schnittlauch anrichten. Das Dressing aus den letzten 5 Zutaten bereiten und über den Salat ziehen.

Endiviensalat

Für 4–6 Portionen:

$^1/_2$ Kopf Endiviensalat, in sehr feine Streifen geschnitten
1 rote Paprikaschote, gewürfelt
2 Tomaten, geachtelt
1 Karotte, in Scheiben geschnitten
Schnittlauch und Petersilie, fein gehackt
1 reife Avocado, halbiert, entkernt und das Fruchtfleisch
in Scheiben geschnitten
1 Knoblauchzehe, gepreßt
1 Prise Pfeffer
1 Schuß Sojasauce
3 EL kaltgepreßtes Olivenöl
1 $^1/_2$ EL Reisessig
4 EL Sonnenblumenkerne

Den Salat zusammen mit Paprika, Tomaten, Karotten, Avocado und Kräutern auf Tellern anrichten. Die Sonnenblumenkerne in einer heißen Pfanne ohne Fett unter öfterem Rühren anrösten und mit Sojasauce ablöschen. (Kann als Vorrat in größeren Mengen zubereitet werden. Nach Erkalten in ein Schraubglas füllen). Aus den restlichen Zutaten eine Sauce herstellen, auf den Salat träufeln und mit den Sonnenblumenkernen bestreuen.

Feldsalat mit frischen Champignons

300 g Feldsalat, geputzt, gewaschen und
trockengeschleudert
1 Zwiebel, gewürfelt
2 EL Olivenöl
250 g Champignons, gewaschen und in Scheiben
geschnitten
1 Schuß Sojasauce
Salz und Pfeffer nach Geschmack
2 EL Balsamico-Essig
1 EL Olivenöl

Zwiebelwürfel in Öl glasig dünsten, Champignons dazugeben, kurz andünsten und mit Sojasauce ablöschen. Die Salatsauce aus Essig, Salz, Pfeffer und Olivenöl zubereiten. Den Feldsalat auf Tellern anrichten, mit der Salatsauce beträufeln und die Zwiebel-Champignon-Masse darauf verteilen. Mit Vollkornbrot servieren.

Feldsalat mit getrockneten Feigen

300 g Feldsalat
1 Zwiebel, gehackt
50 g getrocknete, kleingeschnittene Feigen
2 EL Olivenöl
2 EL Obstessig
Kräutersalz und Pfeffer nach Geschmack

Feldsalat waschen, putzen und auf Tellern anrichten. Die Feigen in die Sauce geben, damit sie sich damit vollsaugen und auf dem Feldsalat verteilen.

Avocadosalat mit Tomatenwürfeln und gerösteten Kürbiskernen

2 reife Avocados
1 Zitrone
4 Tomaten, in Würfel geschnitten
3 EL Pflanzenöl
1 EL Balsamico-Essig
1 TL Senf
100 g Kürbiskerne
Salz und Pfeffer nach Geschmack

Avocado-Fruchtfleisch klein würfeln und mit Zitronensaft und Pfeffer bedecken. Tomaten klein schneiden, dabei Kerne und Saft herausdrücken. Ausreichend salzen. Für das Dressing Öl, Balsamico-Essig und Senf mit einer Gabel verrühren und über Avocados und Tomaten geben. Die Kürbiskerne in einer Pfanne ohne Öl knusprig rösten und über den Salat streuen. Knackt beim Essen ganz herrlich! Mit Baguettebrot servieren.

Thailändischer Nudelsalat

Für 6 Portionen:

250 g Spaghetti
1 TL Sesamöl
3 EL Erdnußbutter
3 EL Reisweinessig
2 EL trockener Sherry
2 TL salzarme Sojasauce
2 TL Ingwer, fein gehackt
1 große Knoblauchzehe, gehackt
1 Msp Cayennepfeffer
250 g Spargel
$^1/_2$ Kopf Brokkoli
3 Frühlingszwiebeln, gehackt
1 rote Paprikaschote, in feine Stifte geschnitten
250 g frische Sojasprossen (nach Belieben)
frisch gehackter Cilantro (nach Belieben)

Einen großen Topf mit Wasser zum Kochen bringen. Die
Nudeln nach Gebrauchsanweisung garen. Während die Spa-
ghetti kochen, Sesamöl, Erdnußbutter, Reisweinessig, Sherry,
Sojasauce, Ingwer, Knoblauch und Cayennepfeffer zu einem
Dressing vermischen. Die Spaghetti abgießen, mit kaltem
Wasser abschrecken und gut abtropfen, dann das Dressing
darübergießen. Den Spargel schälen, die Enden abschneiden
und in 2 cm große Stücke schneiden. In einem Topf Wasser
zum Kochen bringen, den Spargel nur 1 Minute kochen
(Kochzeit nicht überziehen) und sofort in eine Schüssel mit
Eiswasser geben. Gut abkühlen und dann abtropfen las-
sen. Das Kochwasser für den Brokkoli aufbewahren. Den
Brokkoli in mundgerechte Stücke schneiden und vom Stiel
befreien. Im Kochwasser 2 Minuten blanchieren, danach in
Eiswasser abkühlen und abtropfen. Die Frühlingszwiebeln
mit einigen grünen Spitzen fein hacken. Das Gemüse mit der

Pasta vermengen. Wenn gewünscht, mit Sojasprossen und Cilantro dekorieren.

Karottensalat mit dunklem Sesam

250 g Karotten, geraspelt
1 Apfel, gerieben
3 EL kaltgepreßtes Sonnenblumenöl
1 EL Apfelessig oder Saft von 1 Zitrone
Salz und Pfeffer nach Geschmack
4 EL dunkle Sesamkörner, in einer heißen Pfanne
ohne Fett geröstet

Alle Zutaten vermengen am Schluß die erkalteten Sesamkörner untermischen. Statt Sesam können auch geröstete Sonnenblumenkerne oder Kürbiskerne verwendet werden.

Kartoffelsalat mit Kichererbsen und Räuchertofu

500 g festkochende Kartoffeln
$^1/_2$ l Gemüsebrühe
1 Dose Kichererbsen
2 Zwiebeln, gewürfelt
1 Salatgurke, in Scheiben geschnitten
4 Tomaten, geachtelt
1 Packung Räuchertofu, gewürfelt
4 EL kaltgepreßtes Sonnenblumenöl
2 EL Balsamico-Essig
1 Bund Petersilie, fein gehackt
2 TL Ganzkornsenf
Salz und Pfeffer nach Geschmack

Die Kartoffeln in der Schale kochen, am besten am Vortag, dann zerfallen sie nicht. Schälen und in Scheiben schneiden. Mit der Gemüsebrühe übergießen. Die restlichen Zutaten vermischen und gut durchziehen lassen. Ein hervorragender Salat für eine vegetarische Grillparty!

Rettichsalat

1 gehobelter, roter Rettich
3 EL Sonnenblumenöl
1 EL Obstessig
$^1/_2$ Bund gehackte Petersilie
3 EL beliebige Sprossen
Salz und Pfeffer nach Geschmack

Alle Zutaten bis auf die Sprossen gut vermischen. Die Sprossen auf dem Salat verteilen.

Rote-Bete-Salat

2 rote Bete, gewaschen und fein geraspelt
1 TL Meerrettich
1 TL Cumin (Kreuzkümmel)
3 EL kaltgepreßtes Sonnenblumenöl
2 EL Zitronensaft oder Obstessig
1 geriebener Apfel mit Schale
3 EL Kürbiskerne, in einer trockenen Pfanne angeröstet
Salz und frisch gemahlener Pfeffer nach Geschmack

Alle Zutaten bis auf die Kürbiskerne gut vermischen. Diese am Schluß auf den Salat streuen.

Spaghettisalat

250 g zerbrochene, gekochte Spaghetti
4 Tomaten, geachtelt
2 grüne und 1 gelbe Paprikaschote, gewürfelt
1 kleine Dose Mais (ca. 125 g)
2 Karotten in Scheiben
1 Zwiebel, fein gehackt
1 Bund Petersilie, fein gehackt
2 EL Tomatenmark
4 EL Olivenöl
2 EL Obstessig
Salz, Pfeffer nach Geschmack
einige Spritzer Tabascosauce

Spaghetti, Tomaten, Paprika, Mais Karotten, Zwiebeln und die Petersilie in eine Schüssel geben. Aus den restlichen Zutaten eine Sauce herstellen und alles gut vermischen. Auch als Partysalat gut geeignet.

Tofusalat

300 g Tofu, gewürfelt
Sojasauce
2 Knoblauchzehen
$^1/_2$ Bund Lauchzwiebeln, in Scheiben geschnitten
1 rote und 1 gelbe Paprikaschote, in Streifen
geschnitten
2 Karotten in Scheiben
2 EL Öl
1 EL Rotweinessig oder Reisessig
Kräutersalz und Pfeffer nach Geschmack

Den Tofu am besten über Nacht in Sojasauce einlegen und mit den durchgepreßten Knoblauchzehen vermischen. Den Tofu aus der Marinade nehmen und mit den übrigen Zutaten vermengen. Die Marinade kann noch zum Kochen verwendet werden.

Türkischer Tomatensalat

500 g Eiertomaten, gewürfelt
2 Zwiebeln, gewürfelt
1 Bund Petersilie, fein gehackt
3 EL Olivenöl
2 EL Obstessig
Salz und Pfeffer nach Geschmack

Alle Zutaten gut vermischen und den Salat durchziehen lassen. Schmeckt sehr gut zu Bratlingen.

Weizensalat

200 g Weizenkörner, über Nacht eingeweicht und
ohne Salz gekocht
1 kleiner Blumenkohl, in Röschen zerteilt
2 TL Kurkuma (Gelbwurz)
1 Zwiebel, gewürfelt
3 EL Sonnenblumenöl
2 EL Obstessig
Salz, Pfeffer
2 TL Curry
1 Bund Petersilie, fein gehackt
Salz und Pfeffer nach Geschmack

Den Blumenkohl in Salzwasser mit Kurkuma garen. Mit dem abgetropften Weizen und den restlichen Zutaten vermischen. Eignet sich für Partys oder auch als Hauptgericht.

Zucchinisalat

4 Zucchini
1 Knoblauchzehe, zerdrückt
4 EL Olivenöl
2 EL Balsamico-Essig
1 TL Senf
1 TL Thymian
$^1/_2$ TL Oregano
Salz und Pfeffer nach Geschmack

Die Zucchini waschen, die Endstücke entfernen und in Scheiben schneiden. Aus den übrigen Zutaten eine Sauce herstellen und alles gut vermischen. Ein ausgezeichneter Sommersalat!

Marinierter Erbsen-Mais-Salat

Für 4–6 Portionen:

100 ml Tafelessig
5 EL Zucker
1 EL Wasser
450 g kleine Erbsen (tiefgekühlt oder aus der Dose)
450 g Mais (tiefgekühlt oder aus der Dose)
1 Stange Sellerie, in Halbmonde geschnitten
2 Zwiebeln, gehackt

Essig, Zucker und Wasser in einem kleinen Kochtopf auf mittlerer Flamme erhitzen. 5 Minuten kochen, dann beiseite stellen und abkühlen lassen. Die tiefgekühlten Gemüse 5–8 Minuten in etwas Salzwasser garen, Dosengemüse einfach in einem Sieb abtropfen lassen. In einer mittelgroßen Schale die abgetropften Gemüse mit der kalten Essigmarinade vermischen und für 4 Stunden oder auch über Nacht kalt stellen.

Cremiger Krautsalat

Für 3–4 Portionen:

$^1/_2$ Kopf weißer oder grüner Kohl, gehobelt
1 mittelgroße, geraspelte Karotte
1 kleine Zwiebel, fein gehackt
2 EL Zitronensaft
1 Tasse eifreie Mayonnaise (siehe Seite 69)
1 EL Kümmel
Salz und Pfeffer zum Abschmecken

Alle Zutaten in einer großen Salatschüssel mischen. Mit Salz und Pfeffer bestreuen und servieren. Dieser Salat hat einen intensiven Kümmelgeschmack.

Cremiger Nudelsalat

3–4 EL eifreie Mayonnaise (siehe Seite 69)
2 EL Zitronensaft
150 g gekochte Nudeln (z. B. Makkaroni)
4 Frühlingszwiebeln, gehackt
150 g Artischockenherzen (Dose), abgetropft
und in Scheiben geschnitten
1 $^1/_2$ EL frisches oder 1 TL getrocknetes Basilikum
$^1/_2$ TL Salz

Eifreie Mayonnaise und Zitronensaft unter die Nudeln mischen. Frühlingszwiebeln, Artischockenherzen, Basilikum und Salz dazugeben und gut mischen. Wenn der Salat zu trocken ist, noch mehr Mayonnaise und/oder Zitronensaft hinzufügen.

Cremiger Kartoffelsalat

Für 4–6 Personen:

6 mittelgroße, gekochte Kartoffeln
5–6 EL eifreie Mayonnaise (siehe Seite 69)
5 EL Tafelessig (oder mehr nach Belieben)
1 große Zwiebel, gehackt
4–6 Stangen Sellerie, geschnitten
Salz und Pfeffer zum Abschmecken
etwas edelsüßer Paprika

Die Kartoffeln in Würfel schneiden. Alle Zutaten in einer Schüssel vermengen und den Salat nach Geschmack würzen. Etwas Paprika darüberstreuen. Ein köstlicher Partysalat!

Frischer Obstsalat mit Mohndressing

Für 6 Portionen:

75 ml Orangensaft und 25 ml Grapefruitsaft,
beides ohne Zuckerzusatz
1 ¹/₂ EL Maisstärke
2 TL pflanzliches Öl
2 TL Zucker
1 TL Mohnsamen
1 Honigmelone und 1 Netzmelone, alles Fruchtfleisch
in Stücke geschnitten
2 Nektarinen, geschält und in Stücke geschnitten
500 g Erdbeeren, in Scheiben geschnitten
1 Tasse Heidelbeeren

Orangen- und Grapefruitsaft, Maisstärke, Öl und Zucker in einen Topf geben. Gut verrühren, bis eventuelle Klumpen verschwinden. Auf mittlerer Flamme unter ständigem Rühren ungefähr 5 Minuten kochen, bis die Flüssigkeit angedickt ist. Von der Platte nehmen und den Mohn hinzugeben. Gründlich vermengen und zugedeckt erkalten lassen. Die geschnittenen Früchte in einer großen Salatschüssel vermischen. Bis zum Servieren kalt stellen, dann erst mit dem Mohndressing übergießen. Das Mohndressing intensiviert den Geschmack von Melonen und Beeren.

Waldorfsalat

4 säuerliche, mittelgroße Äpfel, ungeschält entkernt
und gewürfelt
$^1/_2$ Knolle Sellerie, fein geraspelt
50 g grob gehackte Walnüsse
5–6 EL eifreie Mayonnaise (siehe Seite 69)
Salz zum Abschmecken
Blattsalat zum Dekorieren

Alle Zutaten in einer Schüssel vermengen. Nur soviel Mayonnaise hinzufügen, wie es gerade notwendig ist, um eine gute Bindung zu erreichen. Zugedeckt für 2 bis 3 Stunden kalt stellen.
Gut umrühren und auf Salatblättern anrichten.

Spinatsalat mit Orangen-Sesam-Dressing

Für 4–6 Portionen:

500 g frischer Spinat
1 rote oder gelbe Paprikaschote, in Streifen geschnitten
1 Gemüsezwiebel, in dünne Scheiben geschnitten
1 Orange, gepellt und in dünne Scheiben geschnitten
1 EL Sesamkörner
2 EL Reisweinessig
1 EL Orangensaftkonzentrat
1 EL Wasser

Die Stengel vom Spinat entfernen und die Blätter waschen. Gut abtropfen lassen und die großen Blätter in mundgerechte Stücke reißen. In eine Salatschüssel geben und mit Paprika, Zwiebel- und Orangenscheiben ergänzen. Die Sesamkörner auf einem Backblech ungefähr 10 Minuten bei 200° C rösten. Im Mixer zu Pulver zermahlen. Essig, Orangensaftkonzentrat und Wasser hinzufügen und durchmixen. Das Dressing vor dem Servieren über den Salat ziehen. Die gerösteten Sesamkörner geben dem Salat einen wunderbar aromatischen Geschmack.

Wassermelonensalat

Für 4–6 Portionen:

1 Wassermelone, geschält und gewürfelt
1 kleine Gemüsezwiebel, fein gewürfelt und in einem
Sieb mit heißem Wasser übergossen
2 EL Balsamico-Essig
1 EL Reisweinessig
2 EL feingehackte frische oder $^1/_2$ TL getrocknete Minze
$^1/_4$ TL schwarzer Pfeffer, frisch gemahlen

Alle Zutaten in einer Salatschüssel gut durchmischen. Bis zum Servieren kalt stellen.

SALATSAUCEN

Currydressing

Für ca. 1 Tasse Sauce:

3 EL Reisweinessig
3 EL Wasser
2 TL Senf
1 TL Sojasauce
1 TL Zucker
$^1/_2$ TL Currypulver
$^1/_2$ TL schwarzer Pfeffer

Alle Zutaten in eine Schale oder ein geschlossenes Glas geben und gut durchmischen. Dann mit beliebigem Salat anrichten.

Vinaigrette

Für 1 Tasse:

2 EL Balsamico-Essig oder Reisweinessig
4 EL Pflanzenöl
1 EL Wasser
1–2 Knoblauchzehen, gepreßt
Salz, Pfeffer, 1 Prise Zucker

Alle Zutaten in eine Schale oder ein geschlossenes Glas
geben und gut durchmischen. Dann über beliebigen Salat
ziehen.

Orangensauce

Für gut 2 Tassen:

100 ml Orangensaft ohne Zuckerzusatz
6 EL Senf
5 EL Olivenöl (oder mehr, je nach Geschmack)
Salz und Pfeffer zum Abschmecken

Orangensaft, Senf und Olivenöl im Mixer zu einer homo-
genen Sauce schlagen. Nach Geschmack würzen. Paßt zu frischen grünen Blattsalaten.

Eifreie Mayonnaise

Für ca. 2 Tassen:

3 EL Zitronensaft
75 ml Soja-Drink
$^1/_4$ TL Senf
1 Prise Salz
1 Prise süßer Paprika
6 EL Pflanzenöl

Alle Zutaten bis auf das Öl in einen Mixer geben. Die niedrigste Stufe einschalten. Kontinuierlich, am besten Tropfen für Tropfen, das Öl zufügen, bis die Mischung anfängt, dick zu werden. Weitermixen, bis eine dicke, geschmeidige Masse entsteht. In ein Glas mit Deckel füllen und im Kühlschrank aufbewahren. Diese Mayonnaise ist sehr cholesterinarm.

Französisches Dressing

Für ca. 1 $^1/_2$ Tassen:

4 EL Pflanzenöl
3 EL Ketchup
2 EL Apfelessig
1 EL Zucker
$^1/_4$ TL Knoblauchpulver oder gepreßter,
frischer Knoblauch

Alle Zutaten in einer Flasche oder einem Schraubglas so lange schütteln oder verrühren, bis das Dressing gründlich durchgemischt ist.

Italienisches Kräuterdressing

Für gut 1 Tasse:

2 Knoblauchzehen, gehackt und mit Salz zerdrückt
1 TL getrockneter Estragon
1 TL getrockneter Majoran
1 TL Senf
knapp $1/2$ TL Salz
$1/4$ TL Pfeffer
4–6 EL Olivenöl
2 EL Balsamico-, Wein- oder Reisessig

Alle Zutaten in eine Flasche oder ein Schraubglas geben und so lange schütteln oder verrühren, bis das Dressing gründlich durchgemischt ist. Dann 1 Stunde bei Raumtemperatur stehenlassen und anschließend kalt stellen. Gut durchschütteln, bevor es serviert wird.

Hauptgerichte

Schweizer »Steak«

Für 5–6 Portionen:

1 große Zwiebel
75 ml Weißwein oder Wasser
2 Handvoll Champignons, in Scheiben geschnitten
1 große grüne und 1 rote Paprikaschote, beides gewürfelt
8 Knoblauchzehen, gehackt
2 EL Misopaste, in 75 ml Wasser aufgelöst
2 EL frisches Basilikum, gehackt oder
2 TL getrocknetes Basilikum
1 große Dose Pizzatomaten (800 g)
$^1/_4$ TL schwarzer Pfeffer
500 g Seitan, in dicke Scheiben geschnitten

Die Zwiebel in dünne Scheiben schneiden. Wein oder Wasser in einem großen Topf erhitzen und die Zwiebel ungefähr 5 Minuten dünsten, bis sie weich wird. Pilze, Paprika, Knoblauch und Basilikum hinzufügen. Weitere 8 bis 10 Minuten bei mittlerer Hitze kochen, dann Miso, Tomaten und Pfeffer unterrühren. 5 Minuten köcheln lassen. Den Ofen auf 190° C vorheizen. Den Boden einer Kasserolle gleichmäßig mit etwas Sauce bedecken. Die Seitanscheiben nebeneinander hineinlegen und mit der restlichen Sauce bedecken. Die Kasserolle zudecken und 20 bis 25 Minuten backen.

Überbackener »Braten« mit brauner Sauce

Für 6 Portionen:

FÜR DEN BRATEN:

2 EL Margarine oder Wasser
2 kleine Zwiebeln, gewürfelt
$^1/_2$ kleine Sellerieknolle, geschnitten
2 EL gehackte, grüne Paprikaschote
1 zerdrückte Knoblauchzehe
1 große Packung Trockenmasse für vegetarische Frikadellen
(z. B. Grünkern)
50 g Pecan-Nüsse, fein gehackt
50 g Cashew-Nüsse, fein gehackt
2 Scheiben trockenes Brot oder Brötchen,
zerkrümelt
$^1/_4$ TL getrockneter Thymian
$^1/_4$ TL geriebene Muskatnuß

FÜR DIE BRAUNE SAUCE:

2 EL Margarine
1 mittelgroße Zwiebel, gewürfelt
2 EL Mehl
1 TL Knoblauchsalz
2 EL Maisstärke
175 ml Wasser oder Gemüsebrühe
1 TL Hefeextrakt
1–2 EL Sojasauce oder Tamari
Pfeffer zum Abschmecken

Den Ofen auf 190° C vorheizen. Für den Auflauf Margarine oder Wasser in einer Bratpfanne auf mittlerer Flamme erhitzen. Zwiebeln, Sellerie, Paprika und Knoblauch in 5–7 Minuten weich braten. In einer großen Schüssel das Gemüse mit den restlichen Zutaten vermengen. In eine gefettete Auflaufform geben und ca. 40 Minuten backen.

Für die Sauce Margarine in einer Bratpfanne auf mittlerer Flamme erhitzen. Die Zwiebel einige Minuten darin garschwenken, dann Mehl und Knoblauchsalz hinzugeben und weitere 8–9 Minuten schmoren. Maisstärke in Wasser oder Brühe auflösen. Die angerührte Maisstärke in die Zwiebelmischung rühren und zum Kochen bringen. 10 Minuten köcheln lassen und Hefeextrakt, Sojasauce und Pfeffer hinzufügen. Wenige Minuten unter ständigem Rühren köcheln und warm mit dem »Braten« servieren.

Grünkohl

Für 4–6 Portionen:

800 g Grünkohl
$^1/_2$ l Wasser
2 Gemüsebrühwürfel
60 g Margarine
1 Zwiebel
2 Äpfel
125 g Räuchertofu
2 EL Semmelbrösel
1 EL Senf
2 TL Kräutersalz, Pfeffer, Muskatnuß

Die Zwiebel hacken und in 20 g Fett glasig dünsten. Den Grünkohl waschen, von den Rippen befreien und fein schneiden. In den Topf geben, mit $^1/_2$ l Wasser auffüllen und die Gemüsebrühwürfel dazugeben. Den Kohl zugedeckt ca. 30 Minuten auf kleiner Flamme köcheln lassen. Die Äpfel schälen, würfeln und mit dem in Würfel geschnittenen Räuchertofu zugeben. Weitere 10 Minuten köcheln lassen. Mit Senf, Salz, Pfeffer und Muskat abschmecken. Die restliche Margarine schmelzen, Semmelbrösel darin goldgelb braten und auf dem Grünkohl verteilen. Dazu passen Salzkartoffeln.

»Gulasch« nach Szegediner Art

3 EL Öl
3 Zwiebeln, halbiert und in Scheiben geschnitten
3 Karotten, in Scheiben geschnitten
3 EL edelsüßer Paprika
$^1/_2$ TL Chilipulver
2 EL Tomatenmark
$^1/_8$ l Wasser
2 EL Obstessig oder Rotweinessig
3 EL Sojasauce
1 Tetrapack passierte Tomaten
400 g Sauerkraut (frisch oder aus der Dose)
1 Packung Seitan, gewürfelt
Salz, Pfeffer

Die Zwiebeln in dem Öl andünsten. Die Karotten zugeben und mitdünsten. Paprika- und Chilipulver sowie das Tomatenmark unterrühren. Essig, $^1/_8$ l Wasser, die passierten Tomaten und die Sojasauce zugeben. Das Sauerkraut kleinzupfen und einrühren. Den Seitan in heißem Öl beidseitig anbraten und zu dem Gemüse geben. Alles gut vermischen und evtl. noch etwas Wasser zugießen, so daß eine schöne Sauce entsteht. Mit Salz, Pfeffer und Sojasauce abschmecken und noch 10 Minuten köcheln lassen. Mit Reis, Nudeln, Kartoffeln oder Kartoffelklößen (siehe Seite 76) servieren.

Kartoffel-»Gulasch«

Für 2 Portionen:

1 EL Pflanzenöl
2 mittelgroße Zwiebeln, gewürfelt
$^1/_4$ l Wasser
3 rohe Kartoffeln, in kleine Würfel geschnitten
2 grüne Paprikaschoten, in Stücke geschnitten
$^3/_4$ TL getrockneter Majoran
1 TL Salz

Das Öl in einer großen Pfanne auf mittlerer Flamme erhitzen. Die Zwiebeln in dem Öl einige Minuten glasig dünsten, Wasser, Kartoffeln und Paprika hinzugeben und bedeckt etwa 10–15 Minuten kochen, bis die Kartoffeln weich sind. Majoran und Salz unterrühren und servieren.

Thüringer Kartoffelklöße

Für 4–6 Portionen:

1–1,5 kg rohe Kartoffeln
1–2 TL Salz
$^1/_2$ l Soja-Drink
30 g Margarine
150 g Grieß
2 Scheiben Weißbrot, gewürfelt und in heißer Margarine
angebraten

Die Kartoffeln waschen, schälen, sofort reiben und in einem Baumwoll- oder Leinentuch gut auspressen. Die ziemlich trockene Masse in eine Schüssel geben. Aus Soja-Drink, Margarine, Salz und Grieß einen Brei kochen und diesen noch heiß mit der Kartoffelmasse vermengen. Salzwasser zum Kochen bringen. Sobald es sprudelt, mit nassen Händen nicht zu große Klöße formen, wobei jeweils 2 oder 3 geröstete Brotwürfel in die Mitte gegeben werden. Die Klöße in das heiße Wasser legen und etwa 15 Minuten bei geringer Wärmezufuhr gar ziehen lassen. Die Klöße passen zu »Gulasch«-Gerichten, wie beispielsweise zu jenem nach Szegediner Art (siehe Seite 74).

Bayrisch Kraut

2 Zwiebeln, halbiert und in Scheiben geschnitten
4 EL Öl
$^1/_2$ Kopf Weißkraut
Wasser mit 1–2 Gemüsebrühwürfeln
1 EL Kümmel
$^1/_2$ ausgepreßte Zitrone oder 2 EL Obstessig
4 cl Weißwein (kann auch weggelassen werden)
1 TL Salz bzw. 2 TL Kräutersalz
frisch gemahlener, schwarzer Pfeffer
2 Lorbeerblätter
1 Prise Rosmarin
1 Apfel, geschält und gewürfelt
4 EL Apfeldicksaft
5 EL Sojasauce

Die Zwiebeln in dem heißen Öl glasig dünsten. Weißkraut halbieren, den Strunk entfernen und das Kraut in mittelgroße Stücke schneiden. Zu den Zwiebeln geben und mit Wasser auffüllen. Die Gewürze dazugeben und mit Deckel 20 Minuten oder länger bei kleiner Hitze garen. Je länger das Kraut schmort, desto besser schmeckt es. Man kann es auch gut einfrieren. Dazu passen Bratlinge mit Salzkartoffeln.

Variante: In Würfel geschnittenen Räuchertofu unters Kraut mischen.

Grüner Spargel mit Austernpilzen und Salzkartoffeln

500 g–1 kg grüner Spargel
500 g Kartoffeln
6 EL Margarine
Salz, Pfeffer, Muskat nach Geschmack
$^1/_2$ Bund Petersilie, fein gehackt
1 Knoblauchzehe, zerdrückt
2 EL Olivenöl
400 g Austernpilze oder frische Champignons

Das holzige Ende vom Spargel abschneiden, die Stangen waschen und mit einem Bindfaden zusammenbinden. In Salzwasser ca. 10–15 Minuten garen. Grüner Spargel braucht meist nicht geschält zu werden!
Die Kartoffeln schälen, halbieren und in Salzwasser garen.
Die Austernpilze (wahlweise Champignons) mit etwas Küchenpapier abreiben und das harte Ende abschneiden. Nicht waschen, da sie sich sonst wie ein Schwamm vollsaugen und matschig werden. Die Knoblauchzehen in dem heißen Öl anbraten. Die in Streifen geschnittenen Pilze dazugeben und knusprig braten. Mit Salz und Pfeffer würzen.
Die Margarine in einem Topf schmelzen. Mit Salz, Pfeffer und Muskat würzen. Über Spargel und Kartoffeln gießen.
Mit Petersilie bestreuen.

Goldene Kartoffeln

Für 4–6 Portionen:

4 große, rote oder andere Kartoffeln
2 TL ganze Senfkörner
$^1/_2$ TL Kurkuma (Gelbwurz)
$^1/_2$ TL Kreuzkümmel (Cumin)
$^1/_4$ TL Ingwer
1 Msp Cayennepfeffer
1 Msp schwarzer Pfeffer
200 ml Wasser
1 Zwiebel, gehackt
1 $^1/_2$ TL Sojasauce

Die Kartoffeln gut waschen, dann über 100 ml kochendem Wasser 40–50 Minuten dämpfen, bis sie gar sind. Abkühlen lassen und in mundgerechte Würfel schneiden. Die Gewürze in einer heißen Pfanne 1–2 Minuten rösten, danach mit 100 ml Wasser vorsichtig ablöschen. Die gehackte Zwiebel hinzufügen und unter ständigem Rühren 5 Minuten garen, bis die meiste Flüssigkeit verdunstet ist. Die Kartoffeln mit dem verbliebenen Wasser und der Sojasauce dazugeben und gut vermengen. Bedeckt bei mittlerer Hitze 5 Minuten kochen und vor dem Servieren noch einmal umrühren.

Ayurvedische Kartoffeln mit frischen Kräutern

Für 3–4 Portionen:

5 große Kartoffeln, weichkochend
$^1/_2$ l Soja-Drink
1 Packung Soja-Creme
1 Bund frischer Dill
1 Bund frischer Schnittlauch
1 Bund frische Petersilie
Saft von $^1/_2$ Zitrone
1–2 TL Kurkuma (nach Geschmack)
$^1/_2$ TL Curry
Salz, Sojasauce nach Geschmack

Die Kartoffeln gut abschrubben und ungeschält in dickere Scheiben schneiden. Ca. 5 Minuten kochen. Währenddessen in einer Pfanne den Soja-Drink, vermischt mit der Soja-Creme, langsam erhitzen (auf keinen Fall kochen!). Kurkuma, Curry, Salz nach Geschmack und etwas Sojasauce unterrühren. Das Wasser der Kartoffeln abgießen, die heißen Scheiben in die Pfanne legen und ca. 10 Minuten leicht köcheln lassen. In der Zwischenzeit die frischen Kräuter klein hacken und über die Kartoffeln streuen. Sofort servieren.

Mais Mexicana

Für 5–6 Portionen:

500 ml Wasser
150 g brauner Basmati-Reis
1 große Zwiebel, gehackt
2 große Knoblauchzehen, gepreßt
1 rote Paprikaschote, gewürfelt
400 g frischer oder gefrorener Mais
100 g Chilischoten, gewürfelt
200 g Maismehl
1 TL Salz
1 TL Kreuzkümmel
2 EL Trockenhefe (nach Belieben)
500 ml Soja-Drink

400 ml Wasser zum Kochen bringen und Reis hinzugeben. Die Hitze reduzieren, den Topf bedecken und den Reis ca. 40 Minuten garen. Den Ofen auf 180° C vorheizen. Zwiebel, Knoblauch und Paprika mit dem restlichen Wasser ungefähr 5 Minuten kochen, bis die Zwiebel glasig wird. Zwiebelmischung, Reis und die verbleibenden Zutaten in eine Auflaufform geben, gut durchmischen und ca. 45 Minuten backen.

Grüner Bohneneintopf mit Grünkernbratlingen

500 g grüne Brechbohnen
500 g Kartoffeln, festkochend
50 g Margarine
50 g Mehl
500 ml Wasser
1–2 Gemüsebrühwürfel
frisches Bohnenkraut
$^1/_2$ Bund frische Petersilie
Salz und Pfeffer zum Abschmecken
4 Grünkernbratlinge (siehe Seite 103)

Bohnen kleinschneiden und Kartoffeln würfeln. Wasser mit Salz zum Kochen bringen und Gemüse in 15–20 Minuten gar dünsten. Das Gemüse abtropfen lassen, dabei das Kochwasser auffangen und die Brühwürfel dazugeben. Margarine im Topf schmelzen, nach und nach das Mehl hinzufügen und mit einem Schneebesen zu einer sämigen Masse verrühren. Langsam mit der Gemüsebrühe auffüllen, dabei ständig rühren, so daß sich keine Klumpen bilden. Die gehackten Kräuter und das gedünstete Gemüse hinzufügen, umrühren und nach Belieben mit Salz und Pfeffer abschmecken. Mit Grünkernbratlingen servieren.

Brokkoli nach italienischer Art

Für 2 Portionen:

1 EL Olivenöl
1 Brokkolikopf, in Röschen zerteilt
1 gehackte Knoblauchzehe
2 EL Sonnenblumenkerne
3 EL Wasser
Salz und Pfeffer zum Abschmecken
1 TL frischer Zitronensaft

Das Olivenöl in einer Pfanne auf mittlerer Flamme erhitzen, den Brokkoli in dem Öl 2 Minuten vorgaren. Knoblauch, Sonnenblumenkerne, Wasser, Salz und Pfeffer hinzufügen. Die Pfanne bedecken und bei niedrigerer Hitze 3–5 Minuten weitergaren, bis das Wasser verdunstet ist. Die Pfanne vom Herd nehmen und Zitronensaft unterrühren. Sofort anrichten.

Gebackenes Gemüsepüree

Für 2–3 Portionen:

2 mittelgroße Karotten, geschält und gewürfelt
1 mittelgroße Süßkartoffel, gepellt und gewürfelt
1 weiße Rübe, gewürfelt
75 ml Soja-Drink
1 Bund frischer, gehackter Dill
1 EL Margarine
Salz und Pfeffer zum Abschmecken
geriebene Muskatnuß

Den Ofen auf 190° C Grad vorheizen. Karotten, Süßkartoffel und Rübe in einem Topf 20 Minuten weich kochen. Das Gemüse abtropfen lassen und im Mixer zu einer geschmeidigen Masse pürieren. Soja-Drink, Dill und Margarine unterrühren und mit Salz und Pfeffer nach Geschmack würzen. In eine Auflaufform füllen und mit Muskatnuß bestreuen. 15 Minuten unbedeckt backen, bis der Auflauf gründlich erwärmt ist.

Kartoffelauflauf

4 EL Margarine, zerlassen
1 TL Salz
1 TL Pfeffer
6 EL Mehl
6 festkochende Kartoffeln, in dünne Scheiben geschnitten
1 mittelgroße Zwiebel, fein gehackt
300 ml Soja-Drink
Paprikagewürz
Petersilie zum Garnieren

Den Backofen auf 180° C vorheizen. Eine viereckige Auflaufform mit ein wenig Margarine dünn einfetten. Salz und Pfeffer unter das Mehl mischen. $^1/_3$ der Kartoffeln als unterste
Schicht in die Form legen, darüber $^1/_3$ der Zwiebeln, gefolgt
von $^1/_3$ der Margarine und der Hälfte des Mehls. Das Ganze in
der gleichen Reihenfolge wiederholen, bis alle Zutaten einge-
schichtet sind. Zum Schluß den Soja-Drink gleichmäßig über
den Auflauf gießen und mit Paprika bestreuen. Ca. 90 Minuten backen, bis die Kartoffeln weich geworden sind und die
Sojamilch eingezogen ist. Mit Petersilie garnieren und anrichten.

Gebackene Kartoffeln

Für 2–3 Portionen:

*3 große Kartoffeln, gewaschen, getrocknet und
in 1 cm dicke Scheiben geschnitten
1 EL Pflanzenöl
Salz zum Abschmecken*

Den Ofen auf 250° C vorheizen. Jede Kartoffelscheibe von
beiden Seiten mit einem Pinsel ölen und einzeln auf Backpapier legen. 15 Minuten backen, dann umdrehen und die andere Seite in weiteren 15 Minuten backen. Mit Salz bestreuen
und heiß servieren.

Variation: Für Kartoffelchips die gleiche Methode anwenden,
nur die Scheiben dafür hauchdünn schneiden.

Blumenkohlpfanne

*1 Blumenkohl, gewaschen und in Röschen zerteilt
1 Zwiebel, fein gehackt
Salz, Pfeffer, Muskat nach Geschmack
2 EL Kapern
1 Gemüsebrühwürfel
200 ml Soja-Drink oder 1 Päckchen Soja-Creme
evtl. etwas Kartoffelstärke zum Andicken*

Die Zwiebel im heißen Öl andünsten, den Blumenkohl dazugeben und mit $1/4$ l Wasser auffüllen. Gemüsebrühwürfel und
Gewürze zufügen und bedeckt 10–15 Minuten garen. Der
Blumenkohl soll noch Biß haben. Mit Soja-Drink oder Soja-
Creme auffüllen, Kapern zugeben und nach Bedarf mit Kar-
toffelmehl, das vorher mit etwas Wasser angerührt wurde, andicken. Dazu passen Salzkartoffeln und Bratlinge.

Spinat mit Lopino

1 Packung tiefgefrorener Spinat (450 g)
1 Zwiebel, gewürfelt
2 EL Öl
$^1/_2$ Packung Lopino natur, mit der Gabel zerdrückt
Salz, Pfeffer, Muskat nach Geschmack
etwas Sojasauce

Die Zwiebel in dem heißen Öl anbraten, den Spinat mit etwas Wasser dazugeben, damit er nicht anbrennt. Bei Mittelhitze im geschlossenen Topf auftauen lassen. Den Lopino und die Gewürze unterrühren. Dazu Salzkartoffeln und Bratlinge servieren.

Wirsing mit Kümmelkartoffeln

5–6 Wirsingkohlblätter
$^1/_2$ Zwiebel, in Würfel geschnitten
4 große Kartoffeln, in Scheiben geschnitten
5 EL Margarine
$^1/_4$ l Weißwein
1 EL Kümmel
Salz, Pfeffer, Muskat nach Geschmack
1 Bund frische Petersilie

Die Wirsingkohlblätter vom Strunk trennen, harte Rippen entfernen und in Streifen schneiden. 1–2 Minuten in heißem Wasser blanchieren und abtropfen lassen (sie behalten ihre frische grüne Farbe, wenn man sie kurz mit kaltem Wasser abschreckt). 3–4 EL Margarine in einem Topf zerlassen, die Zwiebelwürfel kurz darin anbraten, dann den Wirsing hinzufügen. Es muß so viel Margarine im Topf sein, daß der Wirsing cremig wird. Mit Salz, Pfeffer und Muskat würzen, dann mit Weißwein ablöschen. Weitere 10 Minuten auf kleiner Flamme köcheln lassen. In der Zwischenzeit die Kartoffeln ungeschält, aber gut gewaschen, in dickere Scheiben schneiden und so lange kochen, bis sie schön weich sind. Das Wasser abgießen, 2 EL Margarine darübergeben, 1 TL Kümmel sowie Salz und Pfeffer nach Belieben hinzufügen und bei geschlossenem Deckel gut wenden; dazu den Topf kräftig schütteln. Die geschnittene Petersilie darüberstreuen und die Kartoffeln zusammen mit dem Wirsing servieren.

Gefüllte Wirsingröllchen

8 große Wirsingblätter
500 g Kartoffeln, in der Schale in Salzwasser gegart
$^1/_4$ l Soja-Drink
30 g Margarine
Salz, Pfeffer, Muskat nach Geschmack
2 EL Öl
1 Zwiebel, gewürfelt
2 Karotten, gewürfelt
100 g Räuchertofu, gewürfelt

Die Kohlblätter in kochendem Wasser ca. 3 Minuten blanchieren und abtropfen lassen. Die gekochten Kartoffeln schälen, zerstampfen, mit dem Soja-Drink und der Margarine verrühren und würzen. Die Zwiebel mit den Karotten andünsten, den Tofu zufügen und mit dem Kartoffelbrei vermischen. Damit die Kohlblätter füllen, aufrollen und mit einem Bindfaden zusammenhalten. In eine gefettete Auflaufform setzen, mit Tomaten- oder Béchamelsauce (siehe Seiten 103 und 141) übergießen und 30 Minuten bei 180° C backen.

Wirsing-Karotten-Gemüse

Für 2–3 Portionen:

1 Zwiebel, gewürfelt
200 g Karotten, in Scheiben geschnitten
2 EL Pflanzenöl
3–4 Wirsingblätter
je 1 Prise Salz, Pfeffer und Curry
etwas Sojasauce
1 Gemüsebrühwürfel

Die Wirsingblätter vom Strunk trennen, der Länge nach halbieren und in feine Streifen schneiden. Die Zwiebel zusammen mit den Karotten im heißen Öl andünsten, den Wirsing zufügen und mit etwas Wasser weiterdünsten. Den Brühwürfel sowie die Gewürze zugeben und garen. Dazu passen Salzkartoffeln oder Reis.

Gefüllte Auberginen

2 Auberginen
1 Zwiebel, gewürfelt
1 Knoblauchzehe, gehackt
2 EL Olivenöl
1 Dose geschälte Tomaten
200 g Champignons
1 Bund Petersilie
Salz, Pfeffer, Cayennepfeffer nach Geschmack
2 EL Semmelbrösel und Hefeflocken gemischt
1 Packung passierte Tomaten
$^1/_2$ Packung Soja-Creme
italienische Kräuter nach Geschmack

Die Auberginen in heißem Wasser 5 Minuten blanchieren, halbieren, mit einem Löffel das Fruchtfleisch herausnehmen und kleinschneiden. Zwiebel und Knoblauch in dem Öl andünsten, die geputzten, geschnittenen Champignons dazugeben. Die abgetropften Tomaten zusammen mit dem kleingeschnittenen Auberginenfleisch, der gehackten Petersilie und den Oliven mischen, würzen und in die Auberginen füllen.

Die passierten Tomaten zusammen mit dem Saft der Dosentomaten und der Sojasahne mit Salz, Pfeffer und italienischen Kräutern würzen und in eine gefettete Auflaufform gießen. Die Auberginen draufsetzen und mit der Mischung aus Semmelbröseln und Hefeflocken bestreuen, Margarineflöckchen draufsetzen und im Ofen bei 180° C ca. 30 Minuten backen. Mit Reis servieren.

Zucchini Mexicana

4 EL Wasser (oder etwas mehr, nach Belieben)
2 TL salzarme Sojasauce
1 Zwiebel, gehackt
3 Knoblauchzehen, zerhackt
3 Zucchini, gewürfelt
1 rote Paprikaschote, gewürfelt
$^1/_2$ Dose Mais (ca. 125 g)
1 TL Kreuzkümmel
1 TL Chilipulver

Das Wasser und die Sojasauce in einem großen Topf erhitzen. Die Zwiebel und den Knoblauch darin weich kochen, Zucchini und Paprika hinzufügen und ungefähr 5 Minuten kochen, bis die Zucchiniwürfel gerade weich werden. Mais, Kreuzkümmel und Chilipulver unterrühren und weitere 2 Minuten kochen.

Brokkoligemüse mit rohgerösteten Kartoffeln

4 dicke Kartoffeln
1 EL Kokosfett
500 g Brokkoli
2 EL Margarine
Kräutersalz, Pfeffer
Curry nach Geschmack
30 g Mandelblättchen

Die Kartoffeln schälen und in hauchdünne Scheiben schneiden. In einer Antihaftpfanne Kokosfett erhitzen und die Kartoffeln darin auf beiden Seiten knusprig braten, dann salzen.

Den Brokkoli in kleine Röschen zerteilen und die harten Teile am Strunk wegschneiden. Waschen und in wenig Salzwasser ca. 8–10 Minuten garen. Sofort in ein Sieb schütten, dabei die Brühe in einem Topf auffangen; kann als Suppengrundlage oder als Saucenfond weiterverwendet werden. Den Brokkoli kurz in eine Schüssel mit kaltem Wasser tauchen. So behält das Gemüse seine grüne Farbe.

Die Margarine in einem Topf schmelzen, mit Kräutersalz, Pfeffer und Curry würzen, den Brokkoli untermischen, Mandelblätter darunterrühren und zu den Röstkartoffeln servieren.

Gemüse mit gebratenem Reis

Für 4–6 Portionen:

250 g Reis, in gut $^1/_2$ l Wasser gegart, abgegossen
und ausgekühlt
30 ml Sojasauce oder Tamari
3 EL trockener Weißwein oder Reiswein
2 EL Erdnußöl
250 g weicher oder fester Tofu
2 Knoblauchzehen, gehackt
1 mittelgroße Karotte, in Würfel geschnitten
1 Selleriestange, in Scheiben geschnitten
1 grüne Paprikaschote, geschnitten
125 g frische oder gefrorene Erbsen

Die Sojasauce mit dem Wein vermischen und beiseite stellen.
1 EL Öl in einem Wok oder einer Pfanne auf mittlerer
Flamme erhitzen. Tofu mit einer Gabel zerdrücken und einige
Minuten anbraten. Dann den Tofu auf Küchenpapier entfet-
ten und zur Seite stellen. Das verbliebene Öl in den Wok
geben und auf mittlerer Flamme erhitzen. Sobald das Öl sehr
heiß ist, den Knoblauch darin einige Minuten unter Rühren
braten, danach Karotten, Sellerie, Paprikastücke und Erbsen
hinzufügen. Kurz braten, dann Reis und Tofu unter konti-
nuierlichem Wenden hinzugeben. Die Sojasauce über den
Reis gießen und weitere 5 Minuten braten, bis alles heiß ist,
dabei immer wieder rühren. Sofort anrichten.

Veganes Sushi

Für 6 Rollen:

1 l Wasser
3 Tassen kurzkörniger brauner Reis
(knapp 400 g)
1 kleine Gurke, entkernt und in feine Stifte
geschnitten
1 kleine Zucchini, in feine Stifte geschnitten
1 kleine gelbe Schmorgurke, in feine Stifte
geschnitten
$^1/_2$ grüne und $^1/_2$ rote Paprikaschote,
beides in feine Stifte geschnitten
250 g frischer Blattspinat
2 kleine Karotten, in feine Stifte geschnitten
2–3 EL Reisweinessig
1 EL brauner Zucker
1 Paket Nori (getrockneter Seetang)
Wasabi, nach Packungsbeilage angerührt

Wasser zum Kochen bringen. Reis hineingeben und auf
kleiner Flamme unter gelegentlichem Umrühren 40 Minuten köcheln lassen, bis der Reis gar und klebrig ist. Während der Reis kocht, das Gemüse 5–7 Minuten über kochendem Wasser dämpfen. Auf Raumtemperatur abkühlen
lassen.
Wenn der Reis fertig ist, Essig und braunen Zucker unterrühren und ebenfalls abkühlen lassen. Sobald das Gemüse
und der Reis kühl genug sind, das erste Seetangblatt auslegen.
Eine Handvoll Reis in die Mitte der Fläche geben, die Hände
mit Wasser befeuchten und den Reis in einer dünnen Schicht
sorgfältig auf dem gesamten Noriblatt verteilen. Diese mit
Wasabipaste bis ungefähr 3 cm an den Blattrand bestreichen.
Auf die Wasabi-Schicht horizontal die Gemüsestreifen in
einer maximalen Breite von 2,5 cm legen.

Vorsichtig eine Ecke über das Gemüse schlagen, dann das Noriblatt fest aufrollen. Wenn eine Bambus-Sushi-Matte zur Verfügung steht, um die Sushi-Rolle legen und sorgsam festdrücken. Die fertige Sushi-Rolle in 6 Stücke schneiden und auf einer Platte dekorieren. Dasselbe mit den verbleibenden Nori-Blättern wiederholen.

»Arroz guisado«

Für 2–3 Portionen:
1 EL Pflanzenöl
1 Tasse brauner oder weißer Reis
2–3 kleine Tomaten
1 mittelgroße Zwiebel
3 Knoblauchzehen
1 Prise gemahlene Nelken
$^{1}/_{2}$ TL gemahlener Zimt
$^{1}/_{4}$ l Gemüsebrühe
1 TL Salz
ca. 1 Tasse gefrorene Erbsen
2–3 mittelgroße Kartoffeln, gekocht, geschält,
in Scheiben geschnitten und gebraten

Das Öl in einer großen Bratpfanne auf mittlerer Flamme erhitzen. Den Reis hineingeben und 5 Minuten anbräunen. Tomaten, Zwiebel, Knoblauch, Nelken und Zimt im Mixer zu einer geschmeidigen Masse pürieren. Das Püree zu dem Reis geben und unter Rühren 3 Minuten kochen. Brühe und Salz hinzufügen. Bedeckt auf kleiner Flamme ungefähr 30 Minuten köcheln lassen, bis die Flüssigkeit verdunstet ist. Erbsen und Kartoffeln unterrühren. Weiter bedeckt köcheln lassen, bis der Reis weich ist (30–40 Minuten für braunen, 15–20 Minuten für weißen Reis).

Gebratener Reis mit Cashewnüssen

Für 4–6 Portionen:

250 g Reis, in gut $^1/_2$ l Wasser gegart, abgegossen
und ausgekühlt
500 g weicher Tofu, trockengetupft und zerdrückt
1 Msp Kurkuma (Gelbwurz)
1 TL Zwiebelpulver
$^1/_2$ TL Salz
3 EL Pflanzenöl
ca. 50 g gehackte Cashewkerne (nach Belieben)

FÜR DIE SAUCE:

3 EL Sojasauce oder Tamari
$^1/_2$ TL Salz
1 TL Zucker
6 Lauchzwiebeln oder 3 kleine Zwiebeln, gehackt

Tofu, Kurkuma, Zwiebelpulver und Salz in einer Schüssel vermengen und beiseite stellen. In einer Pfanne auf mittlerer
Flamme 1 EL Öl erhitzen. Die Tofumischung hineingeben
und unter ständigem Rühren etwa 10 Minuten braten. Tofu
vom Herd nehmen und zur Seite stellen. Die Zutaten für die
Sauce in einer kleinen Schüssel vermischen und so lange verrühren, bis der Zucker sich aufgelöst hat. Einen blanken Wok
auf mittlerer Flamme so lange erhitzen, bis sich Dampf ent-
wickelt, erst dann das restliche Öl hineingeben. Zwiebeln und
Reis hinzufügen und unter Rühren 3 Minuten braten. Die
Sauce darübergießen und ungefähr 5 Minuten wenden, bis
der Reis durchgebraten ist. Zum Schluß die Cashewkerne und
die Tofumischung unterrühren und heiß servieren.

Gemüsecurry in Kokosmilch

1 Zwiebel
2 Knoblauchzehen
200 g Karotten
200 g Lauch
100 g Wirsing oder Weißkraut
1 rote Paprikaschote
200 g Blumenkohl
1 Dose Kokosmilch
$^1/_2$–1 Chilischote, zerkleinert
1 TL Kurkuma (Gelbwurz)
2 Kardamomkapseln, zerstoßen
$^1/_2$ TL Koriander
$^1/_2$ TL Cumin (Kreuzkümmel)
1 Prise Muskat
Schale von $^1/_2$ Zitrone
Salz, Pfeffer nach Geschmack
1 EL frischer Koriander (Cilantro) oder Petersilie

Die feingehackte Zwiebel und den gepreßten Knoblauch in 3 EL heißem Öl glasig dünsten, die Gewürze bis auf Salz, Pfeffer, Zitronenschale und Muskat zugeben und unter ständigem Rühren mit andünsten. Das kleingeschnittene Gemüse zufügen und mit Kokosmilch auffüllen, restliche Gewürze zugeben und zugedeckt garen. Es kann selbstverständlich auch anderes Gemüse – je nach Saison – verwendet oder statt der einzeln aufgeführten Gewürze eine indische Gewürzmischung (»Garam Masala« und etwas Currypulver) genommen werden.

Spanischer Reis

Für 4–6 Portionen:

2 EL Pflanzenöl
2 Tassen weißer oder brauner Reis
1 kleine Dose zerhackte Tomaten
2 Knoblauchzehen, gehackt
1 kleine Zwiebel, geschnitten
$^1/_2$ l Gemüsebrühe
1 grüne und 1 rote Paprikaschote, kleingeschnitten
1 Dose grüne Chilischoten (100 g Jalapeños), gehackt

Das Öl in einem Topf auf mittlerer Flamme erhitzen. Reis hineingeben und verrühren, so daß alles mit dem Öl vermengt ist. Im Mixer die Tomaten oder Tomatensauce, Knoblauch, Zwiebel und ein Drittel der Gemüsebrühe zusammen pürieren. Die Tomatenmischung unter den Reis rühren. Die verbliebene Brühe hinzufügen und zugedeckt auf kleiner Flamme kochen, bis die Flüssigkeit verdunstet und der Reis gar ist (ungefähr 25 Minuten für weißen, ca. 45 Minuten für braunen Reis). Paprikastückchen und grüne Chili zum Schluß dazugeben und gut durchwärmen. Sofort servieren. Dieser scharfgewürzte spanische Reis schmeckt auch gut zu mexikanischen Burritos (siehe Seite 119).

Lauchgemüse mit Reis

4 Stangen Lauch, halbiert und in Scheiben geschnitten
3 EL Pflanzenöl
Kräutersalz, Pfeffer, Curry nach Geschmack
1 Packung Soja-Creme

Den gewaschenen Lauch in dem heißen Öl andünsten, würzen, etwas Wasser zufügen und bei geschlossenem Topf garen. Die Soja-Creme unterziehen und mit Reis servieren.

Indisches Curry-Reisgericht

250 g Naturreis
2 Kardamomkapseln
1 Gemüsebrühwürfel
1 TL Kurkuma
2 EL Margarine
1 Zwiebel, gewürfelt
2 Knoblauchzehen, gehackt
4 Karotten, in Scheiben geschnitten
2 Paprikaschoten, in Würfel geschnitten
$^1/_2$ Blumenkohl bzw. Brokkoli, in Röschen oder
1 Stück Kürbis, in Würfel geschnitten
Kräutersalz, Pfeffer nach Geschmack
1 TL schwarze Senfkörner
1 TL Kreuzkümmelsamen
$^1/_2$ TL getrocknete und zerbröselte Chilis
1 TL frisch geriebener oder getrockneter Ingwer
1 Zimtstange
etwas gemahlener Kardamom
4 Tomaten, geachtelt
1 Dose Kokosmilch

Den Reis waschen, mit dem Kardamom in einen Topf geben, in der doppelten Menge Wasser ca. 40 Minuten garen (im Schnellkochtopf geht es entsprechend schneller). Wenn der Reis gar ist, den Kardamom entfernen, Gemüsebrühwürfel und 1 TL Kurkuma unterrühren (gibt dem Reis eine schöne gelbe Farbe). Währenddessen die Zwiebel mit dem Knoblauch in der Margarine glasig dünsten, die Gewürze bis auf die Zimtstange im Mörser zerstoßen, zufügen und kurz unter ständigem Rühren mitdünsten. Den Blumenkohl bzw. Kürbis und das andere kleingeschnittene Gemüse bis auf die Tomaten zugeben. Die Tomaten erst am Schluß zufügen. Die Zimtstange, die Kokosmilch und evtl. noch etwas Wasser dazugeben. Wenn das Gemüse gar ist, nochmals abschmecken. Die

Zimtstange entfernen und das Gemüse mit dem Reis servieren. Wer die Gewürze nicht zur Hand hat, kann Currypulver und die Gewürzmischung »Garam Masala« verwenden.

Gemüserisotto mit Räuchertofu

250 g Basmati-Vollkornreis
3 EL Öl
2 Zwiebeln, gewürfelt
4 Zucchini, der Länge nach halbiert und in Scheiben geschnitten
250 g Champignons oder Egerlinge, in Scheiben geschnitten
1 Packung Räuchertofu, gewürfelt
ca. $^1/_2$ l heißes Wasser
evtl. 1 Gemüsebrühwürfel
1 Packung Soja-Creme
Salz, Pfeffer, Curry
Sojasauce nach Geschmack
1 Bund Petersilie, gehackt

Die Zwiebeln in dem Öl andünsten, den Reis zufügen und einige Minuten unter Wenden anbraten. Die Zucchinistücke kurz mit andünsten, den Räuchertofu und die Champignons zugeben. Nach und nach ein wenig Wasser oder Gemüsebrühe zugießen, sobald die Flüssigkeit vom Reis aufgenommen ist. Die Sojasahne und die Gewürze zugeben. Nach 20–25 Minuten dürfte der Reis gar sein. Nochmals abschmecken und vor dem Servieren die Petersilie unterheben.

Hirsotto

2 EL Sonnenblumenöl
1 Zwiebel, in Halbmonde geschnitten
2 Karotten, gewürfelt
200 g Hirse
gut $^1/_2$ l Wasser
1 Gemüsebrühwürfel
100 g Champignons
2 Frühlingszwiebeln, in Ringe geschnitten
125 g Räuchertofu, gewürfelt
Salz, Pfeffer, Curry nach Geschmack
100 ml Soja-Drink
$^1/_2$ Bund gehackte Petersilie
2 EL Kürbiskerne

Die Zwiebeln im heißen Öl glasig dünsten, die Karotten zufügen und weitere 3–5 Minuten braten. Die Hirse in einem Sieb mit heißem Wasser abspülen, damit sie nicht bitter schmeckt, anschließend mit Wasser und Brühwürfel aufkochen. Auf kleiner Flamme ca. 15 Minuten ausquellen lassen, dabei häufiger umrühren. Inzwischen die geputzten und in Scheiben geschnittenen Champignons zu der Zwiebel-Karotten-Masse geben und kurz anbraten. Das Gemüse mit Räuchertofu, Soja-Drink, den Gewürzen und der Petersilie zur Hirse geben. Die Kürbiskerne in einer trockenen heißen Pfanne unter häufigem Rühren anrösten. Das Hirsotto auf Teller verteilen, mit den Kürbiskernen garnieren. Dazu paßt gemischter Salat.

Rote Paprikaschoten mit Hirsefüllung

4 rote Paprikaschoten
2 Zwiebeln, gewürfelt
3 EL Olivenöl
200 g Champignons
$^1/_2$ Packung Räuchertofu
200 g Hirse
600 ml Wasser
1 Gemüsebrühwürfel
$^1/_2$ Bund Petersilie
Salz, Pfeffer, Muskat nach Geschmack
1 Prise Majoran

Die Paprikaschoten halbieren, entkernen und waschen.
Die Hirse in einem Sieb gründlich mit heißem Wasser ab-
spülen, sonst schmeckt sie bitter. Danach mit Wasser und
Brühwürfel zum Kochen bringen, runterschalten und bei
schwacher Hitze 10 Minuten garen. Öfters umrühren, damit
die Hirse nicht anbrennt. Danach den Topf von der Koch-
platte nehmen und die Hirse weitere 10 Minuten nachquellen
lassen.
Die Zwiebeln im heißen Öl andünsten. Den gewürfelten
Räuchertofu und die geputzten, in Scheiben geschnittenen
Champignons zu den Zwiebeln geben. Würzen und die
Hirse mit der feingehackten Petersilie unterrühren. Den
Hirsebrei in die Paprikahälften füllen, diese in eine gefettete
feuerfeste Form legen und bei 180° C ca. 30 Minuten schmo-
ren. Dazu paßt eine Tomaten- bzw. eine Béchamelsauce und
Feldsalat.

50 g Margarine
50 g Mehl
50 g Hefeflocken
500 ml Wasser oder Gemüsebrühe
1 TL Salz
Pfeffer, Muskat
1 TL Senf

Die Margarine in einem Topf schmelzen. Das Mehl mit einem Schneebesen unterrühren und unter ständigem Rühren nach und nach das Wasser zugießen. Mit allen angegebenen Zutaten würzen und die Sauce einmal aufkochen.

Grünkernbratlinge

250 g Grünkern, grob geschrotet
1 Gemüsebrühwürfel, Salz, Pfeffer
1 Bund Petersilie, gehackt
1 Zwiebel, fein gehackt
200 g Möhren, fein geraspelt
Vollkornsemmelbrösel
Kokosfett zum Ausbacken

Den Grünkern mit Wasser bedecken, würzen und mit dem Brühwürfel aufkochen, dabei ständig umrühren, sonst brennt er an. Von der Kochstelle nehmen und 20 Minuten ausquellen lassen. Währenddessen die Zwiebel und die Petersilie fein hacken, die Möhren reiben und alles unter die abgekühlte Grünkernmasse ziehen. Falls die Masse zu feucht ist, müssen noch Semmelbrösel zugegeben werden. Alles gut vermischen und abschmecken. Mit nassen Händen kleine Bratlinge formen und in heißem Fett beidseitig knusprig ausbacken.

Weizencurry

200 g Weizen
1 Stange Lauch, halbiert und in Ringe geschnitten
2 rote Paprikaschoten, in Würfel geschnitten
2 Zucchini, in Scheiben geschnitten
250 g Champignons, in Scheiben geschnitten
4 EL kaltgepreßtes Sonnenblumenöl
1–2 EL scharfer Curry
evtl. 1 Gemüsebrühwürfel
1 Packung Soja-Creme oder Soja-Drink
100 g getrocknete Aprikosen, gewürfelt
Salz nach Geschmack

Den Weizen mit Wasser bedecken und über Nacht einweichen. Am nächsten Tag ca. 1 Stunde bei niedriger Hitze ohne Salz garen und im geschlossenen Topf noch ca. 1 Stunde nachquellen lassen. Überschüssiges Wasser wegschütten oder abgekühlt zum Blumengießen verwenden. (Vollkorngetreide und Hülsenfrüchte werden nicht richtig gar, wenn ihnen während des Kochvorgangs Salz zugefügt wird. Daher immer erst anschließend salzen.)
Das Gemüse im heißen Öl dünsten bis es gar ist. Den Weizen und die Soja-Creme unterrühren, würzen, evtl. noch einen aufgelösten Gemüsebrühwürfel darunterziehen und die Aprikosen zufügen.

Buchweizenpfanne

200 g Buchweizen
40 g Margarine
1 Gemüsebrühwürfel
2 Stangen Lauch, halbiert und in Ringe geschnitten
4 Karotten, in Scheiben geschnitten
2 EL Öl
8 Tomaten
$^1/_2$ Packung Tofu, gewürfelt
Kräutersalz, Pfeffer, Sojasauce
1 TL Curry
1 TL Kurkuma (Gelbwurz)
italienische Kräuter wie Basilikum, Oregano etc.
nach Geschmack

Den Buchweizen in 2 EL Margarine anrösten, Curry, Kurkuma und die Kräuter zufügen, mit 1 l Wasser und dem Gemüsebrühwürfel auffüllen und bei geschlossenem Topf ca. 15 Minuten köcheln, dann weitere 10–15 Minuten nachquellen lassen. Den Lauch und die Karotten im heißen Öl andünsten, den Tofu dazugeben und anbraten, mit Sojasauce ablöschen und würzen. Die Tomaten mit heißem Wasser überbrühen, schälen und vom Stielansatz befreien. Den Lauch mit dem Tofu unter den Buchweizen mischen, die Tomaten drauflegen und mit Deckel nochmals kurz erhitzen.

Spanischer Bulgur

Für 6–8 Portionen:

3 Tassen Bulgur
$^3/_4$ l kochendes Wasser
2 Knoblauchzehen, gehackt
2 TL Olivenöl
4–6 TL Chilipulver
1 TL gemahlener Kreuzkümmel
$^1/_2$ TL Salz

Bulgur in eine große Schüssel geben und mit kochendem Wasser übergießen. Die Schüssel abdecken und 20 Minuten stehenlassen, bis der Bulgur gar ist. Überschüssiges Wasser abgießen. In einer großen Pfanne den Knoblauch bei mittlerer Hitze kurze Zeit in Olivenöl garschwenken. Nicht anbräunen lassen. Den zubereiteten Bulgur zufügen und Chilipulver, Kreuzkümmel und Salz unterrühren. Mit einem Pfannenwender Gewürze und Bulgur gut vermengen und sehr heiß werden lassen. Sofort servieren.

Quinoapfanne

300 g Quinoa
3 EL Sonnenblumenöl
4 Karotten, gewürfelt
1 Knoblauchzehe, zerdrückt
1 Bund Frühlingszwiebeln, in Ringe geschnitten
1 Packung Räuchertofu, gewürfelt
1 Gemüsebrühwürfel
Kräutersalz und Pfeffer nach Geschmack
je 1 Prise Majoran und Basilikum

Das Getreide in einem Sieb mit heißem Wasser gut abspülen. Im heißen Fett die Karotten und den Knoblauch andünsten. Wenn beides gar ist, die Frühlingszwiebeln und den Tofu zufügen und nur kurz anbraten. Das Getreide zugeben und ebenfalls anbraten. 600 ml Wasser und den Brühwürfel zufügen, würzen und aufkochen, aber sofort die Temperatur reduzieren und das Gericht bei geschlossenem Topf noch 15 Minuten ausquellen lassen.
Auch sehr gut als Füllung für Paprikaschoten oder Zucchini geeignet.

Kartoffel-Gemüse-Auflauf mit Räuchertofu

Für 4–6 Portionen:

750 g Kartoffeln
2 Zwiebeln, gewürfelt
3 EL Öl
250 g Karotten, in Scheiben geschnitten
250 g Champignons, in Scheiben geschnitten
250 g Zucchini, in Scheiben geschnitten
1 Päckchen Räuchertofu, gewürfelt
1 Bund Petersilie, gehackt
50 g Hefeflocken
30 g Mehl
1 TL Senf,
Pfeffer, Curry, Sojasauce und Salz nach Geschmack

Die Kartoffeln waschen und mit der Schale in Salzwasser garen.
Die Zwiebeln im Öl glasig dünsten, Karotten, Champignons, Zucchini und den Räuchertofu zugeben. Mit Salz, Pfeffer, Sojasauce und Curry würzen. Eine gefettete Auflaufform zuerst mit Kartoffeln auslegen, diese salzen und pfeffern. Danach das Gemüse auf den Kartoffeln verteilen, wieder eine Lage Kartoffeln, dann eine Lage Gemüse einschichten und mit Kartoffeln abschließen. Hefeflocken mit Mehl, Pfeffer, Curry und Salz in einen Topf geben und unter ständigem Rühren so viel Wasser zugeben, bis eine cremige Sauce entsteht. Dann den Senf einrühren. Über den Auflauf gießen, mit Margarineflöckchen versehen und im vorgeheizten Rohr bei 200° C ca. 20–30 Minuten backen.

Tortilla-Auflauf

Für 8 Portionen:

250 ml Wasser
1 große Zwiebel, gehackt
4 große Knoblauchzehen, gepreßt
1 große Dose Pizzatomaten (800 g)
4 TL Chilipulver
2 TL Kreuzkümmel
200 g Sojagranulat
1 Dose Kichererbsen (400 g), abgetropft
2 rote Paprikaschoten, geröstet
3 EL Zitronensaft
3 EL Tahini
12 Maismehl-Tortillas (fertig gekauft oder hergestellt
wie auf Seite 121 beschrieben), in Hälften gerissen
1 große Dose Chili-Bohnen (800 g)
8 Frühlingszwiebeln, gehackt
250 g frischer oder gefrorener Mais

Zwiebel und Knoblauch in 100 ml Wasser ungefähr 5 Minuten dünsten, bis die Zwiebelwürfel weich werden. Tomaten, Chilipulver, Kreuzkümmel, Sojagranulat und weitere 100 ml Wasser hinzugeben, bei mittlerer Hitze 5 Minuten köcheln lassen. Kichererbsen, den gerösteten Paprika (Zubereitung siehe Kichererbsenfüllung Seite 120), Tahini und Zitronensaft im Mixer zu einer geschmeidigen Masse pürieren und beiseite stellen. Den Ofen auf 180° C vorheizen. Den Boden einer Auflaufform mit Pizzatomaten bedecken, darauf eine Schicht von Tortillas legen, dann ein Drittel des Kichererbsenmuses daraufstreichen. Ein Drittel der Chili-Bohnen, Frühlingszwiebeln und Mais darüberstreuen. Darauf folgen wieder Tomaten, Tortillas, Kichererbsenmus usw., bis die Zutaten aufgebraucht sind. Zum Schluß mit Tomaten bedecken und ca. 25 Minuten backen.

Spinatauflauf mit Pilzen

Für 5–6 Portionen:

100 ml Wasser
1 Zwiebel, gehackt
2 Knoblauchzehen, gepreßt
300 g Pilze, in Scheiben geschnitten
450 g gefrorener Blattspinat, aufgetaut und abgetropft
450 g weicher Tofu
1–2 reife Tomaten, in dünne Scheiben geschnitten
1 EL Tahini
2 TL getrocknetes Basilikum
$^1/_2$ TL Salz
$^1/_4$ TL Muskatnuß
2 EL Couscous
50 ml Soja-Drink oder Wasser

Das Wasser in einem großen Topf erhitzen und die Zwiebel mit dem Knoblauch ungefähr 3 Minuten darin weich kochen. Die Pilze hinzufügen und weitere 5 Minuten köcheln lassen. Den Spinat unterrühren und so lange kochen, bis die Flüssigkeit verdunstet ist. Den Ofen auf 180° C vorheizen. Tofu und Tahini im Mixer zu einer geschmeidigen Masse pürieren. Das Basilikum in den Handflächen zerreiben und mit Salz, Pfeffer, Muskatnuß, Couscous und Sojamilch unter die Tofumasse rühren. Die Mischung zum Spinat geben und gut durchmengen. In eine Auflaufform füllen und ca. 15 Minuten backen. Dann mit Tomaten bedecken und weitere 10 Minuten backen. Vor dem Servieren etwa 10 Minuten abkühlen lassen.

Gemüseauflauf mit Kartoffelkruste

Für 6–8 Portionen:

4–5 große, mehlige Kartoffeln, gewürfelt
150 ml Soja-Drink
$^1/_2$ TL Salz
100 ml Wasser oder Gemüsebrühe
2 Zwiebeln, gehackt
1 große Paprikaschote, gewürfelt
2 Karotten, in Scheiben geschnitten
2 Selleriestangen, in Scheiben geschnitten
250 g Pilze, in Scheiben geschnitten
1 Dose Pizzatomaten (500 g)
500 g Kidney-Bohnen, abgetropft
$^1/_2$ TL edelsüßer Paprika
$^1/_2$ TL schwarzer Pfeffer
2 EL Sojasauce

Die geschälten Kartoffeln würfeln und dämpfen, bis sie gar sind. Mit einem Kartoffelstampfer zermusen und mit Soja-Drink ein geschmeidiges Püree herstellen. Mit Salz abschmecken und beiseite stellen. In einem großen Topf Wasser bzw. Gemüsebrühe erhitzen und die Zwiebeln etwa 3 Minuten glasig dünsten. Paprika, Karotten und Sellerie hinzufügen und ca. 5 Minuten köcheln lassen. Dann die Pilze hineingeben, den Topf bedecken und unter gelegentlichem Rühren weitere 7 Minuten garen. Jetzt die Tomaten, Kidneybohnen, Paprikagewürz, Pfeffer und Sojasauce unterrühren, wieder bedecken und 10–15 Minuten kochen. Den Ofen auf 180° C vorheizen. Das Gemüse in eine Auflaufform füllen und gleichmäßig mit Kartoffelpüree bedecken. Mit Paprika bestreuen. Etwa 25 Minuten backen.

Kartoffelauflauf mit Mangold oder Spinat

Für 4–6 Portionen:

750 g gekochte Kartoffeln, in Scheiben geschnitten
2 Zwiebeln, fein gehackt
2 EL Öl
1 kg frischer Mangold bzw. Spinat oder
1 Paket tiefgefrorener Spinat
Salz, Pfeffer, Curry, Muskat, Sojasauce nach Geschmack
1 Packung Räuchertofu, gewürfelt
4 Tomaten, in Scheiben geschnitten
Béchamelsauce: (siehe Seite 103)

Frischen Mangold waschen und quer in Streifen schneiden. Frischen Spinat putzen, die dicken Stiele entfernen, waschen und trockenschwenken. Die Zwiebeln in dem heißen Öl andünsten, Mangold oder Spinat sowie etwas Wasser und die Gewürze zugeben. Bei geschlossenem Topf garen. Frischen Spinat nur kurz zusammenfallen lassen. Den Räuchertofu unterheben.

Eine gefettete Auflaufform abwechselnd mit Kartoffelscheiben, die gesalzen, gepfeffert und mit Curry bestreut werden und Gemüse-Tofu-Mischung füllen. Am Schluß die Tomatenscheiben drauflegen, diese auch salzen, pfeffern und mit der Béchamelsauce bedecken.

Im Ofen bei 180° C ca. 30 Minuten backen.

Tip: Bei anderen Gerichten kann für die Béchamelsauce anstelle von Soja-Drink auch das Gemüsewasser verwendet werden.

Champignon-Kartoffel-Auflauf

2 Zwiebeln, gewürfelt
2 EL kaltgepreßtes Sonnenblumenöl
1 EL Sojamehl
1 TL gemischte italienische Kräuter
200 g Champignons, in Scheiben geschnitten
4 Tomaten, in Scheiben geschnitten
300 g gekochte, geschälte Kartoffeln
100 ml Soja-Drink
Salz, Pfeffer, Muskat nach Geschmack
30 g Margarine

Die Zwiebeln im heißen Öl anbraten, die geputzten Champignons zufügen, weitere 3 Minuten mitdünsten und mit Salz, Pfeffer und Kräutern würzen.
Das Sojamehl mit 2 EL kaltem Wasser anrühren und unter die Zutaten mischen. 5 Minuten auf kleiner Flamme schmoren. In eine Auflaufform füllen, die Tomaten auf die Champignonmasse legen. Die Kartoffeln mit der Sojamilch pürieren, Margarine, Salz, Pfeffer, Muskat unter die noch heißen Kartoffeln mischen und die Champignonmasse damit bedecken. Im Ofen bei 200° C ca. 15–20 Minuten backen. Mit einer Tomatensauce und grünem Blattsalat servieren.

Kartoffel-»Gulasch« mit Tofu

1 Packung Tofu, gewürfelt
2 EL Öl
Sojasauce
2 Zwiebeln, gewürfelt
2 Knoblauchzehen, zerdrückt
2 EL Olivenöl
2 EL Tomatenmark
3 EL süßer Paprika
$^1/_2$ TL Cayennepfeffer
1 Gemüsebrühwürfel
500 g Kartoffeln, geschält und gewürfelt
100 g Sellerie, in Würfel geschnitten
100 g Karotten, in Scheiben geschnitten
1 Lorbeerblatt
1 EL Kümmel
Majoran, Pfeffer, Muskat nach Geschmack
2 TL Kräutersalz
2 EL Obstessig
$^1/_2$ Packung Soja-Creme
$^1/_2$ Bund Petersilie, gehackt

Den gewürfelten Tofu gesondert in Öl anbraten, mit Sojasauce ablöschen und erst am Schluß dem Gemüse zugeben, er
zerfällt sonst zu leicht.
Die Zwiebeln und den Knoblauch im Olivenöl glasig dünsten.
Das Tomatenmark zufügen und unter ständigem Rühren
etwas anschwitzen. Paprika und Cayennepfeffer zugeben. Kartoffeln, Sellerie und Karotten zufügen. Mit Wasser auffüllen
und den Brühwürfel sowie die restlichen Gewürze hinzufügen.
Wenn das Gemüse gar ist, die Sojacreme unterrühren, den
Tofu darunterheben und mit frischer Petersile bestreuen.

Tofu-»Gulasch«

2 Zwiebeln, gewürfelt
2 EL Öl
500 g Paprikaschoten, gewürfelt
500 g passierte Tomaten
1 Gemüsebrühwürfel
200 g Tofu, gewürfelt
200 g Räuchertofu, gewürfelt
Sojasauce
Salz und Pfeffer nach Geschmack
je 1 Prise Paprika und Cayennepfeffer
$^1/_2$ Bund Petersilie, gehackt

Die Zwiebeln in dem heißen Öl anbraten und die Paprika-stücke dazugeben. Das Tomatenpüree, den Brühwürfel, die Gewürze und etwas Wasser unterrühren. Den Tofu separat in heißem Öl anbraten und mit Sojasauce ablöschen. Tofu und Petersilie zum Gulasch geben, nochmals abschmecken und mit Reis oder Nudeln servieren.

Tofu Stroganoff

1 Zwiebel, gewürfelt
1 Knoblauchzehe, gehackt
2 EL Öl
1 Packung Tofu, gewürfelt
etwas Sojasauce
200 g Champignons, in Scheiben geschnitten
100 g schwarze Oliven, entkernt und gehackt
1 Packung Soja-Creme
Salz, Pfeffer nach Geschmack
1 Bund Dill, gehackt

Die Zwiebel zusammen mit dem Knoblauch im heißen Öl dünsten, die Champignons, anschließend die Oliven und die Sojasahne mit den Gewürzen zugeben. Den Tofu separat in heißem Öl anbraten, mit Sojasauce ablöschen und zum Gemüse geben. Am Schluß den Dill unterrühren und das Gericht mit Reis servieren.

Tofu-»Rührei«

Für 2–4 Portionen:

1 Zwiebel, fein gehackt
2 EL Öl
250 g Tofu, mit der Gabel zerdrückt
Salz, Pfeffer
verschiedene Kräuter nach Geschmack
etwas Sojasauce
1 Prise Kurkuma (Gelbwurz)

Die Zwiebel in einer Pfanne in Öl dünsten, den zerbröselten Tofu dazugeben, würzen und anbraten. Als schnelle Zwischenmahlzeit zu Brot und Salat.

Tofubratlinge

1 Päckchen Tofu, mit der Gabel zerdrückt
1 Zwiebel
1 Knoblauchzehe, fein gehackt
2 Karotten, geraspelt
1 rote und 1 gelbe Paprikaschote, in feine Würfel
geschnitten
etwas Sojasauce
Kräutersalz, Pfeffer, Curry nach Geschmack
Paprikagewürz
italienische Kräuter
$^1/_2$ Bund Petersilie, fein gehackt
Kokosfett zum Braten

Den Tofu gut auspressen, weil er sonst zu viel Wasser enthält. Alle Zutaten gut vermischen. Je nach Konsistenz noch Semmelbrösel oder gemahlene Nüsse dazugeben. Bratlinge formen und von beiden Seiten in heißem Fett gut anbraten. Dazu paßt ein gemischter Salat und Vollkornbrot.

Chili senza carne

250 g Naturreis
1 Zwiebel, gewürfelt
1 Knoblauchzehe, zerdrückt
2 EL Olivenöl
1 EL Tomatenmark
1 Packung pürierte oder 1 Dose geschälte Tomaten
1 große Dose Kidneybohnen
Salz, Pfeffer nach Geschmack
$^1/_2$ TL Rosenpaprika
etwas Chilipulver
evtl. Sojasauce
4 EL gehackte Cashew-Nüsse

Den gewaschenen Reis mit der doppelten Menge Wasser aufkochen und auf kleiner Flamme ca. 40 Minuten garen. Den
Reis erst salzen oder einen Brühwürfel untermischen, wenn
er gar ist.

Zwiebel und Knoblauch in Öl andünsten. Tomatenmark zufügen und unter ständigem Rühren kurz mitdünsten. Die Tomaten, die abgespülten Kidneybohnen sowie die Gewürze zufügen und evtl. mit Sojasauce würzen. Den Reis in eine eingeölte Tasse füllen, in die Tellermitte stürzen und das Chili um
den Reis herum verteilen. Mit Cashewnüssen bestreuen.
Dazu Blattsalat reichen.

Kidneybohnen-Tortillas/Burritos

4 Weizenmehl-Tortillas (fertig gekauft oder hergestellt
wie Maismehltortillas siehe Rezept auf Seite 121)
1 Dose Kidneybohnen (400 g)
1 Kopfsalat, in Streifen geschnitten
2–3 Tomaten, in Scheiben geschnitten
3 Frühlingszwiebeln, in Scheibchen geschnitten
50 ml Mexikanische Salsa (siehe Seite 22)

Die Tortillas in einer großen ungefetteten Pfanne erhitzen, bis sie warm und weich werden. In die Mitte der Tortillas eine Schicht Bohnen geben. Mit Salat, Tomaten, Zwiebeln und Salsa bedecken. Das untere Ende über die Mitte falten, dann die Tortillas aufrollen. Fertig sind die *Burritos*!

Quesadillas mit Kichererbsenfüllung

Für 12 Portionen:

12 Maismehl-Tortillas (fertig gekauft oder nach dem folgenden Rezept zubereitet)
3–4 Frühlingszwiebeln, in Scheibchen geschnitten
1 Paprikaschote, entkernt und gewürfelt
4 Tomaten, gewürfelt
50 ml Mexikanische Salsa (siehe Seite 22)

FÜR DIE KICHERERBSENFÜLLUNG:

1 Dose Kichererbsen (400 g)
1 rote Paprikaschote, geröstet und klein geschnitten
3 EL Tahini
3 EL Zitronensaft

Die Paprikaschote auf einem Rost bei 200° C ca. 15 Minuten grillen, bis die Haut anfängt, dunkel zu werden. Dann in eine Schüssel geben und bedecken, für ca. 15 Minuten beiseite stellen. Danach die Haut abpellen, die Paprika entkernen und in kleine Stücke schneiden. Die Kichererbsen abtropfen lassen, wobei die Flüssigkeit aufbewahrt wird. Dann im Mixer mit den anderen Zutaten zu einer weichen Masse pürieren. Die Mischung sollte dick sein. Ist sie zu fest, um gut püriert zu werden, 1–2 EL der aufbewahrten Flüssigkeit hinzufügen.

Auf den Tortillas 2–3 EL Kichererbsenfüllung verteilen. Mit dieser Seite nach oben in eine große, erhitzte Pfanne legen. Sobald die Tortillas warm und weich werden, zur Hälfte falten und eine weitere Minute in der Pfanne lassen. Dann herausnehmen und vorsichtig öffnen. Mit Frühlingszwiebeln, Paprika, Tomaten und Salsa füllen und sofort servieren. Mit den verbliebenen Tortillas wiederholen.

Maismehltortillas

Für 12 Tortillas:

250 g feines Maismehl
etwas Salz
gut 300 ml Wasser
etwas Pflanzenöl

Mehl mit Salz vermischen, nach und nach mit dem Wasser zu einem weichen, aber doch griffigen Teig kneten. 12 Kugeln daraus formen und kalt stellen. Nach ca. 1 Stunde die Kugeln zu dünnen Pfannkuchen ausrollen und in wenig Öl von beiden Seiten jeweils 1–2 Minuten backen. Bis zum Füllen warm stellen.

Kichererbseneintopf

200 g getrocknete Kichererbsen oder 1 große Dose
1 Stück Kombu-Alge
1 Zwiebel, gewürfelt
1 Knoblauchzehe, durchgepreßt
1 grüne und 1 rote Paprikaschote, gewürfelt
4 rohe Kartoffeln, gewürfelt
2 EL kaltgepreßtes Oliven- oder Sonnenblumenöl
Kräutersalz, Pfeffer, Curry nach Geschmack
1 Gemüsebrühwürfel
1 Packung Soja-Creme
4 Tomaten, geachtelt
$^1/_2$ Bund Petersilie, fein gehackt

Die Kichererbsen über Nacht in reichlich Wasser einweichen. Am nächsten Tag das Einweichwasser wegschütten und die Kichererbsen unter fließendem Wasser abspülen. In einen großen Topf geben, knapp mit Wasser bedecken und ca. 1–1 $^1/_2$ Stunden mit einem Stück Kombu-Alge ohne Salz kochen. (Das Stück Alge verringert die Kochzeit). Im Schnellkochtopf geht es entsprechend schneller – je nach Qualität der Hülsenfrüchte 25–30 Minuten.
Zwiebel und Knoblauch in heißem Öl dünsten, Paprika und Kartoffeln zugeben. Mit etwas Wasser bedecken und 8–10 Minuten mit einem Gemüsebrühwürfel garen. Die Soja-Creme unterziehen und würzen. Das Gemüse mit den gekochten Kichererbsen vermischen. Am Schluß die feingehackte Petersilie und die geachtelten Tomaten unterheben. Es empfiehlt sich, gleich mehr Kichererbsen zu kochen, z. B. für Falafel (Kichererbsenbällchen) oder Hummus (siehe Seiten 17 und 24).

Kichererbsen-Okra-Gemüse
mit Couscous

Für 4–6 Portionen:

200 g getrocknete Kichererbsen oder 1 große Dose
2 EL Olivenöl
1 große Zwiebel, fein gehackt
1 EL Paprika, edelsüß
1 TL Kurkuma (Gelbwurz)
200 g Karotten, in Scheiben geschnitten
200 g Okra, frisch oder aus der Dose
1 Dose Gemüsemais
1 TL getrockneter Thymian
2 Lorbeerblätter
1 Gemüsebrühwürfel
Salz, Pfeffer
50 g getrocknete Aprikosen
50 g Rosinen
250 g Couscous
2 EL Margarine

Die Kichererbsen wie auf Seite 122 garen, danach unter fließendem Wasser gut abspülen.

In einem Topf das Öl erhitzen und die Zwiebel mit den Karotten dünsten. Paprika und Kurkuma zufügen und 1–2 Minuten gut rühren. Das restliche Gemüse, die Gewürze, den
Gemüsebrühwürfel, die Trockenfrüchte und 150 ml Wasser
dazugeben und aufkochen. Auf kleiner Flamme 10 Minuten
schmoren. Mit den Kichererbsen vermengen und die Lorbeerblätter entfernen. Evtl. noch etwas Wasser oder Sojamilch zugießen und nochmal abschmecken.

Den Couscous in eine Schüssel geben und $^1/_2$ l kochendes
Wasser darübergießen. Etwas Margarine und Salz dazugeben,
mit einer Gabel umrühren und kurz warten, bis das Wasser
aufgesogen ist. Couscous in eine eingeölte Tasse drücken, auf
die Tellermitte stürzen und das Gemüse ringsum verteilen.

Schwarze Bohnen mit Sofrito

Für 6 Portionen:

250 g getrocknete, schwarze Bohnen
2 grüne Paprikaschoten, halbiert und entkernt
1 l Wasser
1 mittelgroße Zwiebel, geviertelt
2 Knoblauchzehen
1 TL Oregano, getrocknet
1 TL Kreuzkümmel (Cumin), gemahlen
1 Lorbeerblatt
Salz zum Abschmecken
4 EL trockener Weißwein
1 EL Balsamico-Essig
1 EL Zucker
4 EL Olivenöl (wenn gewünscht)

Die Bohnen mit einer grünen Paprikaschote für 8 Stunden oder über Nacht in Wasser einweichen. Danach Bohnen, Paprika und Wasser zum Kochen bringen. Bei niedriger Hitze 1 $\frac{1}{2}$ Stunden zugedeckt köcheln lassen, bis die Bohnen fast gar sind.

Zur Bereitung einer Sauce, auch *Sofrito* genannt, die andere Paprikaschote, Zwiebel, Knoblauch, Oregano, Kreuzkümmel, Lorbeerblatt und ein bißchen Kochwasser im Mixer langsam zu einer geschmeidigen Creme pürieren. Die *Sofrito* zu den Bohnen geben und wieder zum Kochen bringen. Danach sofort die Hitze auf kleine Flamme reduzieren. Salz, Wein, Essig und Zucker hinzufügen und die Mischung ohne Deckel unter gelegentlichem Umrühren ungefähr 2 weitere Stunden köcheln lassen, bis die Konsistenz dicker wird. Man kann nach Belieben kurz vor dem Servieren Olivenöl unterrühren. Die Bohnen mit gedämpftem Reis servieren.

Ein perfektes Essen für kalte Winternächte!

Gemüsestrudel

FÜR DEN TEIG:

250 g Mehl
$^1/_4$ TL Salz
2 EL Sonnenblumenöl
1 EL Obstessig
125 ml Wasser (auf 40–60° C erhitzt)

Die Zutaten der Reihenfolge nach vermischen und den Teig 3–5 Minuten kneten. Er soll noch feucht sein. Eine Kugel formen, den Teig mit etwas Sonnenblumenöl bestreichen, damit er nicht austrocknet, in einen tiefen Teller geben, mit einem zweiten umgedrehten Teller bedecken und 30 Minuten ruhen lassen. Währenddessen die Füllung zubereiten.

FÜR DIE GEMÜSEFÜLLUNG:

2 Zwiebeln, gewürfelt
2 Knoblauchzehen, fein gehackt
3 Karotten, gewürfelt
2 Zucchini, gewürfelt
4 EL Olivenöl
1 Aubergine, gewürfelt
2 EL Olivenöl
150 g Tofu, gewürfelt
Sojasauce
Salz, Pfeffer, Muskat
Lorbeerblatt, Majoran
Thymian, Oregano, Liebstöckel
$^1/_2$ TL Curry
Sojasauce

ZUM FERTIGSTELLEN DES STRUDELS:

etwas Mehl
Semmelbrösel
40 g flüssige Margarine

Wichtig ist, daß alle Zutaten für die Füllung sehr fein gewürfelt werden, damit der Strudelteig nicht brüchig wird. Die Zwiebeln, den Knoblauch und die Karotten in heißem Öl andünsten. Nach ein paar Minuten die Zucchini dazugeben und evtl. etwas Wasser, damit nichts anbrennt. Die Aubergine wird in heißem Öl separat angedünstet, ebenso der Tofu. Wenn dieser schön braun ist, mit Sojasauce ablöschen. Alles zusammen in einen Topf geben, würzen und abkühlen lassen.

Bevor die Masse auf den Teig gegeben wird, muß diese etwas abkühlen, sonst bekommt der Teig viele kleine Löcher und weicht durch.

Ein Baumwolltuch auf den Tisch legen und mit Mehl bestreuen. Den Teig auf dem Tuch hauchdünn ausrollen und -ziehen. Die Margarine in einem Topf kurz erwärmen, bis sie geschmolzen ist und mit einem Pinsel den Teig damit bestreichen. Mit Semmelbröseln bestreuen und die Masse auf dem Teig verteilen. Dabei am unteren Rand 2 cm Platz lassen, an den Seiten jeweils 4 cm und oben ca. 5 cm. Die Seitenteile einklappen und den Teig mit Hilfe des Tuches einrollen.

Den Strudel auf ein gefettetes Backblech legen und nochmals mit flüssiger Margarine bepinseln.

Bei 200° C ca. 20–30 Minuten backen.

Dazu eine Currysauce oder eine Béchamelsauce (siehe Seiten 103 und 127) und einen Salat reichen.

Indischer Strudel

Einen Strudelteig wie auf Seite 125 herstellen.

Einen Strudelteig wie auf Seite 125 herstellen.

FÜR DIE FÜLLUNG:

3 EL Öl
2 Zwiebeln
2 Knoblauchzehen
200 g rote Linsen
2 Stangen Lauch
4 Karotten
150 g geriebener Tofu (macht den Strudel saftiger,
kann jedoch weggelassen werden)
50 g Kokosflocken
50 g Cashewkerne
Cumin (Kreuzkümmel), Kardamom, Koriander
1 Gemüsebrühwürfel
Salz, Pfeffer nach Geschmack
etwas Sojasauce

Die feingehackten Zwiebeln mit dem durchgepreßten Knoblauch in Öl andünsten, die gewürfelten Karotten, den halbierten und in Scheiben geschnittenen Lauch sowie den zerkrümelten Tofu dazugeben und würzen. Die gewaschenen Linsen zufügen und mit genügend Wasser bedecken. Wenn die Linsen gar sind (nach ca. 10 Minuten) alles nochmal abschmecken, etwas erkalten lassen und wie auf Seite 126 beschrieben auf dem Strudel verteilen. Ganz wichtig: die Masse darf auf keinen Fall zu naß sein, sonst reißt der Strudel. Hierzu paßt eine Currysauce.

FÜR DIE CURRYSAUCE:

2 Zwiebeln, halbiert und in Scheiben geschnitten
30 g Margarine
1 Apfel geschält, halbiert, vom Kernhaus befreit und gewürfelt

2 EL Curry
2 EL Weißwein
$^1/_2$ l Gemüsebrühe
Salz nach Geschmack
2 Bananen, klein geschnitten
1 Dose Kokosmilch
$^1/_4$ TL Cumin (Kreuzkümmel)
$^1/_4$ TL Kardamom
$^1/_4$ TL Koriander
$^1/_2$ TL Zimt
$^1/_4$ TL Chilipulver

Die Zwiebel in der Margarine glasig dünsten, Apfel mitdünsten, mit Curry würzen und mit Weißwein ablöschen, Brühe
und Banane zugeben. Die 5 Gewürze in einer Pfanne ohne
Fett anrösten, zur Sauce geben, salzen und die Kokosmilch
unterrühren. Aufkochen, abschmecken und pürieren.

Gemüsekuchen

FÜR DEN TEIG:

250 g Weizenvollkornmehl
125 g Margarine
1 TL Meersalz
2 EL kaltes Wasser

FÜR DEN BELAG:

250 g gehackte Zwiebel
2 EL Öl
250 g Champignons, in Scheiben geschnitten
$^1/_2$ Bund Petersilie, gehackt
Kräutersalz, Pfeffer, Muskat nach Geschmack
4 Tomaten, in Scheiben geschnitten
125 g Tofu
4 EL Hefeflocken
1 TL Senf
Salz

Alle Zutaten zu einem Mürbeteig verarbeiten und kühl stellen.
Eine gefettete runde Springform mit dem Teig auslegen und einen Rand hochziehen. Die Zwiebeln im Öl andünsten, Champignons, Petersilie und Gewürze dazugeben. Abschmecken und auf dem Teig verteilen. Die Tomaten drauflegen, salzen und pfeffern. Tofu in einem Mixaufsatz oder mit dem Zauberstab mit 2 EL Wasser, Hefeflocken, Öl, Senf, Salz und Pfeffer würzen und auf den Tomaten verteilen. Bei 200° C ca. 30 Minuten backen.

Spinat-Linsen-Quiche

Einen Mürbeteig wie auf Seite 129 bereiten. Diesen kalt stellen, eine gefettete Springform damit auslegen und einen Rand hochziehen.

Einen Mürbeteig wie auf Seite 129 bereiten.

FÜR DEN BELAG:

1 Packung gefrorener Blattspinat (450 g)
1 Zwiebel, gewürfelt
2 Knoblauchzehen, fein gehackt
2 EL Öl
$^1/_2$ TL Curry
1 Msp Cayennepfeffer
Salz, Pfeffer, Muskat nach Geschmack
etwas Sojasauce
200 g rote Linsen
1 Gemüsebrühwürfel

Die Zwiebel und den Knoblauch in heißem Öl andünsten, den Spinat und etwas Wasser zugeben, auftauen lassen, dabei häufig umrühren und würzen. Die Linsen in einem Haarsieb waschen, in der doppelten Wassermenge ca. 10 Minuten garen. Den Gemüsebrühwürfel danach unterrühren. Weißen Schaum an der Oberfläche abschöpfen. Die Linsen unter die Spinatmasse ziehen, nochmals abschmecken und auf dem Teig verteilen.
Bei 200° C ca. 30 Minuten backen.

Polenta mit herzhafter Seitansauce

Seitan ist ein Produkt aus Weizeneiweiß. Es gibt der Sauce eine fleischähnliche Beschaffenheit und schmeckt ganz toll zu Polenta. *Polenta,* ein grob gemahlenes Maismehl oder Maisgrieß, ist einfach gemacht und schmeckt auch köstlich zu einer scharfen Sauce.

FÜR DIE POLENTA:

150 g Polenta
150 ml kaltes Wasser
$^1/_2$ bis 1 TL Salz
$^1/_2$ l kochendes Wasser

Die Polenta mit dem kalten Wasser in einen Topf geben und umrühren. Salz und kochendes Wasser hinzufügen und unter ständigem Rühren ungefähr 15 Minuten köcheln, bis die Polenta angedickt ist. Vorbehandelte Polenta ist in 5 Minuten gar, schmeckt aber nicht ganz so lecker.

FÜR DIE SAUCE:

2 Tassen Wasser
3 TL salzarme Sojasauce
1 große Zwiebel, fein geschnitten
1 Paprikaschote, fein gewürfelt
3 große Knoblauchzehen, gehackt
1 Dose Tomatensauce (500 g)
1 EL Zucker
1 TL Chilipulver
2 EL Obstessig
1 EL Erdnußbutter
1 TL Senf
250 g Seitan, zerhackt oder gerieben

1 Tasse Wasser mit der Sojasauce in einem großen Topf erhitzen. Die geschnittene Zwiebel, Paprika und Knoblauch hinzugeben und so lange kochen, bis die Zwiebel weich und glasig ist. Dann die verbliebenen Zutaten zufügen und bei mittlerer Hitze unter ständigem Rühren ungefähr 10 Minuten kochen. Die gekochte Polenta auf einer Platte verteilen und mit heißer Sauce bedecken. Sofort servieren.

Seitan mit Gemüse

1 Zwiebel, fein gehackt
1 Knoblauchzehe, fein gehackt
3 EL Öl
3 Karotten, in Scheiben geschnitten
3 kleine Zucchini, in Scheiben geschnitten
1 Packung Seitan, mit Küchenpapier trockengetupft
und gewürfelt
3 EL Olivenöl
3 Tomaten, geachtelt
Kräutersalz, Pfeffer, Sojasauce nach Geschmack
1 Bund frische Petersilie bzw. Schnittlauch

Die Zwiebeln und den Knoblauch im Öl glasig dünsten, die Karotten dazugeben und mitdünsten. $1/8$ l Wasser zugießen. Wenn die Karotten gar sind, die Zucchini zufügen und würzen. Den Seitan in dem Öl auf beiden Seiten anbraten und unter das Gemüse rühren. Schließlich die Tomaten und die Kräuter vorsichtig unterheben. Reis, Kartoffeln oder Nudeln dazu servieren.

Tempeh-Spieße

1 Packung Tempeh, in 1 $^1/_2$ cm dicke Würfel geschnitten
2 rote Paprikaschoten, in Würfel geschnitten
1 Zucchini, in Scheiben geschnitten
1 Zwiebel, geviertelt und auf einen Zahnstocher gespießt
200 g frische Ananas, gewürfelt
3–4 EL Öl

FÜR DIE SAUCE:

1 Knoblauchzehe, durchgedrückt
1 paar Spritzer Tabascosauce
Salz, Pfeffer
frischer Ingwer
3 EL Sojasauce

Den Ingwer reiben und den Saft auspressen. Diesen mit den anderen Zutaten zu einer scharfen Sauce verrühren und die Tempehscheiben darin ca. 1 Stunde marinieren.
Paprikawürfel und Zwiebel in heißem Wasser 2 Minuten blanchieren. Gemüse-, Ananas- und Tempehstücke abwechselnd auf Spieße stecken und mit der Marinade bestreichen.
In heißem Öl anbraten oder auf einen Grill legen. Statt Tempeh läßt sich auch Tofu verwenden.

Tempeh süß-sauer

1 Packung Tempeh, halbiert und in ca.
$^1/_2$ cm dicke Scheiben geschnitten
Öl zum Braten
2 Karotten, in Scheiben geschnitten
1 Zwiebel, in Scheiben geschnitten
2 Paprikaschoten, in Streifen geschnitten
3 EL Öl
1 Knoblauchzehe, gehackt
$^1/_2$ TL Ingwer
75 ml Wasser
75 ml milder Essig
2 EL Sojasauce
3 EL Zuckerrübensirup
2 Scheiben Ananas, gewürfelt
2 TL Maismehl
2 TL Wasser

Karotten, Zwiebeln, Paprika und Knoblauch in heißem Öl anbraten und mit Ingwer würzen. Das Wasser mit Essig, Sojasauce und Sirup mischen. Die Sauce über das Gemüse geben und aufkochen.
Das Maismehl mit 2 TL Wasser anrühren. Sobald die Sauce kocht, die Stärke einrühren und die Ananas dazugeben.
Tempeh in heißem Öl beidseitig anbraten. Auf gekochtem Reis servieren und die Sauce separat dazu reichen.

Grünkern-Gemüse-Lasagne

Für 4–6 Portionen:

1 Packung bereits vorgekochte Lasagneblätter (250 g)
2 Zwiebeln, gewürfelt
1 Knoblauchzehe, gehackt
5 EL ÖL
1 Aubergine, gewürfelt
2 Karotten, geraspelt
350 ml Gemüsebrühe
3 gehäufte EL Tomatenmark
100 g Grünkernschrot
4 Tomaten
2 TL Kräutersalz
Pfeffer
3 EL Sojasauce
2 EL Oregano, Basilikum und/oder Kräuter der Provence
1 Msp Chilipulver
Béchamelsauce (siehe Seite 103)

Die Zwiebeln und den Knoblauch in heißem Öl glasig dünsten, die Karotten zufügen. Die Aubergine gesondert in Öl anbraten. Das Tomatenmark zu den Zwiebeln geben und unter ständigem Rühren die Gemüsebrühe zugießen. Die Auberginen untermischen und den Grünkernschrot zufügen. Die Tomaten vom Strunk befreien, würfeln, unterrühren und würzen.
Eine gefettete Auflaufform mit der Füllung ausstreichen, 4 Lasagneblätter drauflegen und etwas Béchamelsauce darübergießen, dann wieder Füllung, Teigblätter und Béchamelsauce folgen lassen. Am Schluß wird die restliche Sauce darübergegossen und das Gericht 45 Minuten bei 200° C im Ofen gegart.

Gemüselasagne

Diese Lasagne unterscheidet sich von der oberen dadurch, daß hier lediglich Wurzelgemüse (je nach Jahreszeit) verwendet wird, was ganz ausgezeichnet schmeckt.

4 EL Öl
2 Zwiebeln, gewürfelt
2 Knoblauchzehen, gehackt
2 Karotten
1 Steckrübe
1 rote Rübe
1 Petersilienwurzel
1 Kohlrabi
1 Pastinake
1 Stück Sellerie
1 Packung passierte Tomaten
50 g geschroteter Grünkern

Alle Gemüse putzen und in Würfel schneiden. Die Zutaten der Reihe nach in Öl anschwitzen, mit den passierten Tomaten auffüllen und mit dem Grünkernschrot binden. Die Masse darf nicht zu flüssig sein.
Eine Béchamelsauce wie auf Seite 103 zubereiten und verfahren wie im vorhergehenden Rezept.

Chinapfanne

2 EL Sesamöl
1 Packung fester Tofu, gewürfelt
2 Karotten, in Scheiben geschnitten
1 Bund Frühlingszwiebeln, in Scheiben geschnitten
250 g Sojasprossen
200 g Glasnudeln
Salz, Pfeffer, Sojasauce nach Geschmack

1 EL Öl erhitzen, Tofu anbraten und mit Sojasauce ablöschen. Glasnudeln mit lauwarmem Wasser übergießen und 10 Minuten einweichen. Im restlichen Öl erst die Zwiebeln dünsten, dann die Möhren und die Sojasprossen zufügen und kurz mitdünsten. Nudeln abtropfen lassen, mit einer Schere in Stücke schneiden und zum Gemüse geben. Tofu zufügen. Alles kräftig durchbraten, würzen und mit etwas Sesamöl abschmecken.

Indonesische Nudelpfanne

Für 6 Portionen:

250 g Spaghetti
2 TL Sesamöl
1 TL Kurkuma
$^1/_2$ TL Kreuzkümmel
$^1/_4$ TL Cayennepfeffer
1 Zwiebel, in Scheiben geschnitten
200 g Pilze, in Scheiben geschnitten
250 g fester Tofu, gewürfelt
2 Selleriestangen, in Scheiben geschnitten
1 kleiner Kohlkopf, in feine Streifen geschnitten
1 rote Paprikaschote, entkernt und in Streifen geschnitten
250 g frische Sojasprossen (nach Belieben)
2 EL salzarme Sojasauce

Die Nudeln in einem großen Topf nach Gebrauchsanweisung kochen und mit kaltem Wasser abschrecken. Das Öl in einen Wok (oder eine Pfanne) geben, Gewürze und Zwiebel hinzufügen und bei starker Hitze ungefähr 3 Minuten pfannenrühren. Pilze, Tofu und Sellerie hinzugeben und weitere 3 Minuten braten. Dann Kohl und Paprika untermischen und bedeckt ca. 4 Minuten unter gelegentlichem Rühren garen. Zum Schluß die gekochten Nudeln, Sojasprossen und Sojasauce vorsichtig unterziehen. Sofort servieren.

Rote Linsen mit Nudeln

4 Stangen Sellerie
1 Zwiebel, gehackt
2 Knoblauchzehen
4 EL Olivenöl
einige Zweige feingehackter Rosmarin
200 g rote Linsen
2–3 Lorbeerblätter
1 l Gemüsebrühe
250 g Hörnchennudeln
Salz und Pfeffer

Die Zwiebel fein hacken, den Knoblauch und den Sellerie in Scheiben schneiden. Das Selleriegrün beiseite legen. 1 EL Olivenöl in einem Topf erhitzen. Zwiebel, Knoblauch und Sellerie darin kurz dünsten. Den Rosmarin hinzufügen. Die Linsen waschen, abtropfen lassen und mit der Gemüsebrühe und den Lorbeerblättern in den Topf geben. Ca. 40 Minuten köcheln lassen. Nach 30 Minuten die Hörnchennudeln hinzufügen und mitgaren. Zum Schluß mit Salz und Pfeffer kräftig würzen. Vor dem Servieren mit dem restlichen Olivenöl beträufeln und mit feingehacktem Selleriegrün bestreuen.

Spaghetti mit Tofu-Tomatensauce

500 g Spaghetti
2 EL Olivenöl
1 Zwiebel
1 Packung Tofu
1 Tetrapack passierte Tomaten
etwas Sojasauce
Kräutersalz, Pfeffer nach Geschmack

50 g schwarze Oliven
2 EL Kapern
je 1 EL getrocknetes Basilikum und edelsüßer Paprika
1 Prise Cayennepfeffer
Tomaten und frische Basilikumblätter zum Garnieren

Die geschälte Zwiebel in Würfel schneiden und in Olivenöl andünsten. Den Tofu mit einer Gabel zerdrücken, dazugeben, mit Sojasauce und den passierten Tomaten ablöschen und würzen. Schwarze Oliven entsteinen und vierteln, mit den Kapern zugeben. Während die Sauce im geschlossenen Topf vor sich hin köchelt, die Spaghetti kochen. Mit der Sauce servieren, vorher mit Tomatenachteln und frischem Basilikum garnieren.

Penne mit Tofu-Sauce

Für 5–6 Portionen:

500 g Penne (schräggeschnittene Röhrennudeln)
2 EL Olivenöl
500 g fester Tofu, in kleine Würfel geschnitten
1 große Zwiebel, gewürfelt
1 EL Sojasauce oder Tamari
125 g gefrorene Erbsen, aufgetaut
1 Bund frische oder getrocknete Petersilie

Einen großen Topf mit Salzwasser für die Nudeln aufsetzen. Olivenöl in einer Pfanne auf mittlerer Flamme erhitzen. Tofu und Zwiebeln in ca. 5 Minuten garschwenken, bis die Zwiebeln weich sind. Sojasauce und Erbsen hinzufügen und bei niedriger Hitze weiter kochen, bis alles heiß ist.
Mit bißfest gegarten Penne-Nudeln servieren und mit Petersilie garnieren.
Die Sauce paßt auch sehr gut zu Reis.

Spaghetti mit Gemüse und Erdnußsauce

Für 5–6 Portionen:

500 g Spaghetti
ca. 100 g Erdnüsse
2 Knoblauchzehen
2 EL Sojasauce oder Tamari
4 TL Tafelessig
1 EL Zucker
1 Msp Cayennepfeffer
75 ml Wasser
2 mittelgroße Karotten, in feine Stifte geschnitten
250 g Zuckererbsen (Erbsschoten), in Stücke geschnitten
3 EL Sesamöl
2 Lauchzwiebeln, gehackt
1 Gurke, geschält, entkernt und in feine Streifen geschnitten

Die Spaghetti wie gewöhnlich kochen. Erdnüsse, Knoblauch, Sojasauce, Essig, Zucker, Cayennepfeffer und Wasser im Mixer zu einer geschmeidigen Masse pürieren und beiseite stellen. Karotten und Zuckererbsen ungefähr 7 Minuten knackig dünsten. Die Spaghetti mit kaltem Wasser abschrecken und gründlich abtropfen lassen. In einer großen Schale mit Sesamöl übergießen. Die Erdnußsauce, Karotten und Zuckererbsen hinzufügen und vermischen. Vor dem Servieren mit Lauchzwiebeln und Gurke überstreuen.

Nudeln mit Tomatensauce

Für 6 Portionen:

2 Zwiebeln, gewürfelt
4 EL Wasser oder Olivenöl
$^1/_2$ Knolle Sellerie, geschnitten oder geraspelt
1 grüne Paprikaschote, kleingeschnitten
2 Handvoll frische Pilze, in Scheiben geschnitten
2 Knoblauchzehen, gehackt
250 g frische Tomaten, in Stücke geschnitten
1 Tetrapack passierte Tomaten
1 Dose Tomatenmark
1 TL getrockneter Oregano
1 $^1/_2$ TL getrocknetes Basilikum
1 Lorbeerblatt
Salz und Pfeffer zum Abschmecken
500 g Spaghetti oder beliebige andere Pasta

Wasser oder Olivenöl in einem großen Kochtopf auf mittlerer Flamme erhitzen. Die Zwiebeln 5 bis 6 Minuten glasig dünsten, dann Sellerie, Paprika, Pilze und Knoblauch hinzufügen und weitere 5 Minuten kochen.
Die frischen, die passierten Tomaten sowie das Tomatenmark dazugeben und die Sauce gut durchrühren. Kräuter, Salz und Pfeffer zufügen und unbedeckt etwa 30 Minuten köcheln lassen. Die Nudeln nach Gebrauchsanweisung kochen.
Das Lorbeerblatt aus der Sauce entfernen und mit Pasta servieren.

Spaghetti Napoli

Für 4–6 Portionen:

4 EL Olivenöl
1 mittelgroße Zwiebel, geschnitten
$^1/_2$ grüne Paprikaschote, kleingeschnitten
8–10 Knoblauchzehen, gehackt
250 g frische Pilze, in Scheiben geschnitten
2 große Dosen gehackte Pizzatomaten
1 große Dose Tomatenmark
50 ml trockener Rot- oder Weißwein
1 EL frisches Basilikum, 1 EL frische Petersilie und
1 EL frischer Oregano, alles gehackt
1 TL getrockneter Thymian
1 TL zerkrümelter, getrockneter Salbei
1 TL getrockneter Rosmarin
2 EL Zucker
3 Lorbeerblätter
1 TL Salz
$^1/_2$ TL Pfeffer
500 g Spaghetti oder andere Pasta

Das Olivenöl in einem großen Kochtopf auf mittlerer Flamme erhitzen. Zwiebelwürfel, Paprikastücke, Knoblauch und Pilze 2 Minuten oder bis zum Garwerden im Kochtopf schwenken. Die verbliebenen Zutaten hinzufügen und die Sauce zum Kochen bringen, dann die Hitze reduzieren und bedeckt mindestens 30 Minuten köcheln lassen. Die Nudeln nach Gebrauchsanweisung kochen. Die Lorbeerblätter aus der Sauce entfernen und mit der Pasta servieren.

Spinat-Auberginen-Lasagne

Für 4–6 Portionen:

1 EL Olivenöl
1 Knoblauchzehe, gehackt
1 mittelgroße Aubergine, gewürfelt
500 g gefrorener Blattspinat, aufgetaut
$^1/_2$ l selbstgemachte Tomatensauce (siehe Seite 141)
250 g Lasagne-Teigblätter

Den Ofen auf 190° C vorheizen. Das Olivenöl in einer Pfanne auf mittlerer Flamme erhitzen. Knoblauch einige Minuten andünsten, dann die Auberginenwürfel hinzugeben und umrühren. Die Pfanne bedecken und die Würfel 5–7 Minuten braten, bis sie gar werden. Den Boden einer Auflaufform dünn mit Tomatensauce bedecken, darauf eine Lage Lasagneblätter legen. Diese wieder mit einer dünnen Schicht Sauce bedecken, darauf die gebratenen Auberginenstücke legen und mit Tomatensauce überziehen. Darauf folgt eine weitere Lage Lasagneblätter, wieder mit Sauce bedecken, dann den aufgetauten Spinat daraufgeben und Tomatensauce folgen lassen. Mit verbliebenen Lasagneblättern und der Tomatensauce abdecken. Fest mit Alufolie verschließen und 45–50 Minuten backen.

Die Lasagne ist fertig, wenn man eine Gabel leicht durchpiksen kann.

Kartoffel-Gnocchi

Für 4–6 Portionen:

1 kg gekochte Kartoffeln (mehlige Sorte, gepellt)
250–300 g Weizenmehl
1 TL Salz
2 EL Olivenöl

Wasser in einem großen Topf zum Kochen bringen. Die Kartoffeln ohne Flüssigkeit zermusen. Mehl, Salz und Olivenöl hinzufügen. Mehl auf ein Brett geben und die Kartoffelmischung mit den Händen kneten, bis ein geschmeidiger Teig entsteht. Mehr Mehl hinzugeben, falls der Teig noch klebrig sein sollte. Den Teig zu einer fingerdicken Rolle formen. Diese in 2,5 cm große Stücke schneiden und in der Mitte mit dem Finger oder einer Gabel leicht eindrücken. Einen Teil der Nocken in das kochende Wasser fallen lassen. Zuerst werden sie zu Boden sinken, während des Kochens jedoch langsam an die Oberfläche steigen. Dann weitere 2 Minuten kochen und mit einer Schaumkelle entnehmen. Mit den verbleibenden Nocken fortfahren. Mit Tomatensauce (siehe Seite 141) servieren.

Amerikanische Nudelsauce mit Bohnen

Für 5–6 Portionen:

1 EL Olivenöl oder Wasser
1 große Zwiebel, in Scheiben geschnitten
2 Knoblauchzehen, zerdrückt
1 rote Paprikaschote, kleingeschnitten
1 TL getrockneter Oregano
1 große Dose gehackte Tomaten (ca. 500 g)
1 kleine Dose rote Kidney-Bohnen, gekocht
1 kleine Dose weiße Bohnen, gekocht
1 kleine Dose Kichererbsen, gekocht
Salz und Pfeffer zum Abschmecken
2 EL Margarine
4 EL Mehl
$^1/_4$ l Soja-Drink
Salz und Pfeffer zum Abschmecken
$^1/_2$ TL gemahlene Muskatnuß
500 g beliebige Nudeln

Olivenöl oder Wasser in einem großen Kochtopf auf mittlerer Flamme erhitzen. Zwiebeln, Knoblauch und Paprika in ungefähr 8 Minuten gar dünsten. Dann Oregano, Tomaten, Bohnen, Kichererbsen und den Soja-Drink hinzufügen. Mit Salz und Pfeffer abschmecken. Bei geschlossenen Topf etwa 20 Minuten köcheln lassen. Die Nudeln nach Gebrauchsanweisung kochen und mit der Sauce heiß anrichten.

Spaghetti Bolognese

500 g Spaghetti
1 Packung »Soja Bolognese« aus dem Reformhaus
$^1/_2$ l Wasser
4 EL Olivenöl
2 Tomaten, in Würfel geschnitten
1 rote Paprikaschote, in Würfel geschnitten
2 Knoblauchzehen, gehackt
1 kleine Zwiebel, in Würfel geschnitten
$^1/_2$ Packung Soja-Creme
1 TL edelsüßer Paprika
einige Stengel frisches oder $^1/_2$ TL getrocknetes Basilikum
$^1/_2$ TL Salz, Pfeffer zum Abschmecken

Das Olivenöl in einem Topf erhitzen und die Zwiebel kurz im Öl wenden. Dann die Paprika hinzufügen und unter Rühren ca. 5 Minuten anbraten. Die Tomaten und den Knoblauch zugeben und unter ständigem Rühren weitere 5 Minuten garen. Das Wasser angießen, die Packung »Soja Bolognese« langsam unterrühren und zum Kochen bringen. Nun muß die Sauce auf niedriger Stufe ca. 20 Minuten köcheln. Das Soja-Granulat bekommt dann eine Konsistenz, die an Hackfleisch erinnert. Zum Ende die Gewürze hinzufügen, die Soja-Creme unterrühren und weitere 10 Minuten köcheln lassen. In der Zwischenzeit die Vollkornnudeln nach Packungshinweis zubereiten. Sofort servieren und nach Wunsch mit etwas frischer Petersilie garnieren. Eine perfekte Alternative zu »Bolognese mit Fleisch«.

Linguine mit Walnußsauce

Für 4–6 Portionen:

75 g feingehackte Walnüsse
$^1/_4$ l Soja-Drink
2 Lorbeerblätter
2 Knoblauchzehen, zerdrückt
2 EL Margarine
3 EL Mehl
1 TL Zucker
Salz und Pfeffer zum Abschmecken
$^1/_2$ Bund frische Petersilie, gehackt
500 g Linguine (dünne, lange Bandnudeln)

Walnüsse, Sojamilch, Lorbeerblätter und Knoblauch in einem Topf bei mittlerer Hitze und unter beständigem Rühren erhitzen. Kurz vor dem Aufkochen vom Herd nehmen und etwas andicken lassen.
Die Margarine in der Pfanne zergehen lassen, Zucker und Mehl langsam unterrühren. So lange rühren, bis alles sämig wird. Die Lorbeerblätter aus der Sauce nehmen, dann alles in die Pfanne geben und weitere 25 Minuten köcheln lassen. Mit Salz und Pfeffer abschmecken. Die Linguine nach Anweisung kochen. Mit der heißen Sauce und mit Petersilie bestreut servieren.

Nachspeisen, Gebäck und Kuchen

Gebackene Bananen mit Mandeln und Sesam

Für 4–8 Portionen:

4 Bananen, der Länge nach halbiert
20 g Margarine
30 g Mandelblättchen
3 EL Sesam, in trockener Pfanne angeröstet
1 EL Ahornsirup
Rum zum Flambieren

Das Fett erhitzen, die Bananen darin beidseitig anbraten und auf 4 Teller verteilen. Den Sesam auf die Bananen streuen. Die Mandelblättchen in der Margarine kurz anrösten und ebenfalls auf dem Obst verteilen. Mit Ahornsirup und Rum beträufeln und flambieren. Sofort servieren.

Vanillepudding

Wer würde schon denken, daß fünf Zutaten ausreichen, um eine solch schmackhafte Nachspeise zuzubereiten? Der Beweis ist dieser fett- und cholesterinfreie Pudding!

50 g Zucker
3 EL Maisstärke
1 Prise Salz
300 ml Soja-Drink
2 TL Vanillepulver

Zucker, Maisstärke und Salz in einen großen Topf geben. Auf kleiner Flamme die Sojamilch vorsichtig unterrühren, so daß keine Klumpen entstehen. Die Mischung unter ständigem Rühren andicken lassen. Weitere 2–3 Minuten kochen, dabei gelegentlich umrühren. Den Pudding vom Herd nehmen und die Vanille unterrühren. 10 Minuten abkühlen lassen, während dieser Zeit ab und zu umrühren. Den Pudding in eine Schüssel oder in einzelne Servierschalen füllen und für 2–3 Stunden kalt stellen, bis die Konsistenz fest ist.

Gebackener Milchreis

125 g Rundkornreis
¹/₂ l Soja-Drink
2 TL Vanillepulver
1 TL gemahlener Zimt
1 Hauch Muskatnuß
30 g Zucker
1 Tasse Rosinen

Den Ofen auf 140° C vorheizen. Alle Zutaten in eine gefettete feuerfeste Schüssel geben und vermischen. Zugedeckt 3 Stunden backen, bis der Reis weich ist. Der perfekte Pudding für einen kalten Winterabend!

Schoko-Nuß-Creme in Stückchen

Für 1 große Schüssel:

6 EL Margarine
150–200 g Puderzucker (knapp 2 Tassen)
8 EL gesiebtes Kakaopulver
1 TL Vanille-Pulver
30 ml Soja-Drink
100 g gehackte Nüsse (oder mehr, nach Belieben)

Eine Auflaufform leicht fetten. Margarine, Zucker, Kakao, Vanille und Soja-Drink in eine feuerfeste Schüssel geben. Die Schüssel in kochendes Wasser stellen und die Zutaten zu einer geschmeidigen Masse rühren. Nüsse nach Geschmack hinzufügen. Die Mischung schnell in die vorbereitete Form füllen und gründlich durchkühlen. Danach in quadratische Stückchen schneiden.

Vanillecreme aus Tofu

500 g weicher Tofu
1 EL Vanille-Extrakt
30 g Zucker
30 ml Soja-Drink

Tofu, Vanille und Zucker im Mixer zu einer geschmeidigen Masse pürieren. Nach und nach den Soja-Drink hinzufügen, während der Mixer weiterläuft. Bis zum Servieren kalt stellen. Hält sich bis zu einer Woche und kann auch eingefroren werden.

Man hat herausgefunden, daß Vanille einen entspannenden Effekt auf das Wohlbefinden hat. Wenn Sie mal gestreßt und hektisch sind, scheuen Sie sich nicht, diese leckere und bekömmliche Creme zuzubereiten!

Englischer Schoko-Toffee

Für 6 Portionen:

250 g Margarine
300 g Zucker
200 g Mandelblättchen
1 Tafel vegane Zartbitter-Schokolade, geschmolzen
1 Tasse feingehackte Mandeln oder Walnüsse (nach Belieben)

Eine Form von 20 x 30 cm leicht fetten. Die Margarine in einem großen Topf auf kleiner Flamme schmelzen. Zucker hinzugeben und unter konstantem Rühren auf 130° C erhitzen (mit einem Küchenthermometer messen). Die Mandelblättchen hinzufügen und bis auf 150° C weiter kochen. Die heiße Mischung vorsichtig in die Form gießen. Toffee lauwarm abkühlen lassen, dann mit der geschmolzenen Schokolade überziehen. Nach Geschmack können die gehackten Nüsse über die Schokolade gestreut werden. Wenn der Toffee komplett erkaltet ist, über gefrorenes Dessert oder Pudding geben. Diese Leckerei eignet sich auch ideal zu veganem Eis oder Vanillepudding.

Süßer Hirseauflauf

$^3/_4$ l Sojamilch
200 g Hirse
$^1/_2$ TL Salz
3 EL Apfelfein, Zimt
50 g gehackte Mandeln oder Haselnüsse
2 EL Sojamehl
50 g Margarine
500 g frisches Obst nach Saison
Vollkornsemmelbrösel
Sonnenblumenkerne

Die Hirse in einem Haarsieb unter fließendem Wasser heiß abspülen. Mit Salz in dem kochenden Soja-Drink 30 Minuten quellen lassen. Die Margarine, das Apfelfein, Zimt und die Nüsse mischen und mit dem Sojamehl unter den erkalteten Hirsebrei heben.

Eine Auflaufform einfetten und schichtweise die Hirse und das Obst einfüllen. Mit Hirse abschließen und mit Vollkornsemmelbröseln, Margarineflöckchen und Sonnenblumenkernen bestreuen.

Im Ofen ca. 30 Minuten bei 180° C backen und mit Vanillesauce (siehe Seite 151) servieren.

Aprikosencreme

100 g getrocknete Aprikosen
Saft von 2 Orangen
2 EL Mandelmus
$^1/_4$ l Soja-Drink
$^1/_4$ l Wasser
Muskat

Die Aprikosen für ein paar Stunden oder über Nacht im Orangensaft einweichen. Im Mixer pürieren. Die restlichen Zutaten zufügen. Wenn die Creme nicht so dick werden soll, weniger Flüssigkeit zugeben. Mit etwas Muskat abschmecken.

Mango-Mousse

1 Packung Seidentofu oder weicher Tofu (ca. 250 g)
1 frische Mango, geschält, vom Kern und in
Würfel geschnitten
Zucker nach Geschmack oder statt dessen
1 Dose Mangos in Sirup

Alle Zutaten im Mixer pürieren. Kalt servieren.

Ananas-Tofu-Creme

$^{1}/_{2}$ frische Ananas oder 1 Dose bzw. ein anderes Obst
1 Packung weicher Tofu bzw. Seidentofu (ca. 250 g)
evtl. etwas Soja-Drink
2 EL Sonnenblumenöl
3 EL Ahornsirup
1 Packung Vanillezucker
1 Prise Salz

Die Ananas in Würfel schneiden, die Hälfte beiseite stellen.
Die übrigen Zutaten im Mixer pürieren, die restliche Ananas
darunterheben und in Schalen füllen.

Vegane Mousse au chocolat

Für 4–6 Portionen:

1 Packung Seidentofu bzw. weicher Tofu
150 g vegane Zartbitterschokolade
1 EL Rum
1 Packung Vanillezucker
evtl. etwas Zucker

Den Tofu im Mixer pürieren. Die Schokolade in einem Topf schmelzen, mit den restlichen Zutaten zum Tofu geben und mixen. Die Mousse in eine Schüssel füllen und in den Kühlschrank stellen. Mit einem Eßlöffel kleine Portionen ausstechen und mit Kokosflocken oder frischem Obst garnieren.

Mandel-Drink

Für 2–3 Portionen:

$^1/_2$ l Soja-Drink oder Wasser
2 EL Mandelmus oder 100 g Mandeln
2 EL Zucker oder Ahornsirup

Die Zutaten zusammen pürieren und kalt servieren.

Nußplätzchen

Für 6 Portionen:

100 g Zucker
150 g Pecannüsse oder beliebige andere Nüsse
150 g Margarine
300 g Mehl
Puderzucker

Alle Zutaten zu einem Mürbeteig verkneten, eine Kugel formen, in Klarsichtfolie wickeln und für 1 Stunde in das Gefrierfach legen. Kleine Kugeln formen und bei 180° C ca. 10 Minuten backen. Nach dem Erkalten mit Puderzucker bestäuben.

Erdnußtaler

Für 4–6 Portionen:

$\frac{1}{2}$ Glas Erdnußmus (125 g)
125 g Margarine
100 g brauner Zucker
$\frac{1}{2}$ TL Vanillemark
300 g Weizenvollkornmehl
$\frac{1}{2}$ TL Salz
2 TL Natron oder Backpulver

Die ersten vier Zutaten schaumig rühren. Anschließend das Mehl mit Salz und Backpulver zufügen und zu einem glatten Teig verrühren. Gut haselnußgroße Kugeln formen und auf ein gefettetes Backblech legen. Mit einer Gabel, die in Wasser getaucht wird, zu Keksen flachdrücken.
Bei 200° C ca. 15 Minuten backen. Erst nach dem Erkalten vom Backblech nehmen, da sie sonst zerbrechen.

Vegane Orangen- oder Zitronenkekse

Für ca. 100 Stück:

100 g weiche Margarine
60 g Zucker
abgeriebene Schale von $\frac{1}{2}$ unbehandelten Orange
oder 1 Zitrone
1 Msp Vanillepulver
60 ml Soja-Drink
150 g Weizenmehl Type 1050

Den Backofen auf 200° C vorheizen. 2 Backbleche leicht fetten oder mit Backpapier auslegen. Die Margarine mit Zucker, Orangenschale und Vanillepulver 5 Minuten schaumig schlagen, den Soja-Drink langsam hinzugießen. Sobald sich die Margarine-Zucker-Mischung gut mit der Sojamilch verbunden hat, das Mehl einarbeiten. Den Teig in einen Spritzbeutel mit großer Sterntülle füllen und Plätzchen in der Größe einer kleineren Münze mit Abstand auf die Bleche spritzen. Die Plätzchen laufen beim Backen auseinander. Die Kekse 8–9 Minuten oder so lange backen, bis sie an den Rändern hellbraun werden. Vorsichtig vom Blech nehmen und ausgekühlt in einer Blechdose aufbewahren.

Schneeflocken

250 g Margarine
100 g Puderzucker
1 Vanilleschote
250 g Speisestärke
100 g Mehl

Das Fett mit Zucker und dem Mark der Vanilleschote schaumig rühren. Das Mehl mit dem Stärkepuder vermischen und unterrühren.
Kleine Kugeln formen, auf ein gefettetes Backblech legen und mit einer Gabel flachdrücken.
Bei 200° C ca. 10 Minuten backen. Erst nach dem Auskühlen vom Blech nehmen oder vorsichtig mit dem Messer lösen.

Rumkugeln

200 g vegane Zartbitterschokolade
150 g Margarine
50 g Puderzucker
125 g gehackte Mandeln
2 EL Rum
Kakaopulver oder Kokosflocken

Die Schokolade in Stücke brechen und in einem Topf erwärmen. Die Platte darf nicht zu heiß sein. Die Margarine, den Zucker, die Mandeln und den Rum unter ständigem Rühren zufügen. Wenn eine homogene Masse entstanden ist, diese in den Kühlschrank stellen und einige Stunden durchkühlen lassen. Kleine Kugeln formen, die entweder in Kakao oder Kokosflocken gewälzt werden.

Schokokruste

Für 1 Kuchen:

25 vegane Schokoladenkekse
4 EL geschmolzene Margarine

Die Kekse mit der Hand zerbrechen, dann im Mixer zu kleinen Krümeln mahlen. In einer Schüssel mit der geschmolzenen Margarine gut vermengen. Die Mischung in eine rechteckige Form drücken und vor dem Füllen für 30 Minuten kalt stellen.

Tofu-Schokoladen-Kuchen

Für 6–8 Portionen:

625 g weicher Tofu
$^{1}/_{2}$ Tafel vegane Zartbitter-Schokolade,
geschmolzen
Kiwis, Erdbeeren oder Himbeeren,
in Scheiben geschnitten
1 Schokokruste (siehe Seite 158)

Den Tofu im Mixer zu einer geschmeidigen Creme pürieren. Die geschmolzene Schokolade hinzugeben und gründlich durchmixen. Auf die Kruste gießen und für mindestens 2 Stunden kalt stellen. Vor dem Servieren mit den geschnitten Früchten garnieren.

Kürbistaschen

Für 6–12 Portionen:

500 g weicher Tofu
1 große Dose Kürbispüree
10 EL Ahornsirup
100 g Zucker
5 EL Mehl
1 EL gemahlener Zimt
1 TL geriebener Ingwer
1 TL geriebene Muskatnuß
450 g gefrorener Blätterteig

Den Ofen auf 200° C vorheizen. Alle Zutaten bis auf den Blätterteig im Mixer zu einer geschmeidigen Masse pürieren. Jeweils einen Teil der Mischung in die Mitte der ungebackenen Teigblätter geben, die Teigränder mit Wasser befeuchten und den Blätterteig als Tasche zusammenfalten. Gut festdrücken, auf ein kalt abgespültes Backblech legen und 30 Minuten backen. Sie können rechteckige Teigblätter auch durchschneiden, so daß sich Quadrate ergeben und diese – mit der Füllung bestückt – über Eck zusammendrücken. Danach den Ofen auf 180° C herunterdrehen und – je nach Größe der Taschen noch 5–15 Minuten goldbraun backen. Die Kürbistaschen können sowohl heiß als auch kalt serviert werden.

Apfeltaschen

Für 10–12 Portionen:

4–5 Granny-Smith-Äpfel, entkernt und in
dünne Scheiben geschnitten
4 EL weiche Margarine
2 EL Zucker, vermischt mit 2 EL Melasse
1 EL gemahlener Zimt
1 TL geriebene Muskatnuß
450 g gefrorener Blätterteig, aufgetaut

Den Ofen auf 190° C vorheizen. Rechteckige Blätterteigscheiben durchschneiden, so daß quadratische Stücke entstehen. Jeweils einen Teil der Äpfel in der Mitte jedes Teigstücks plazieren und mit der Hälfte der Margarine bedecken. Den Rest der Margarine mit braunem Zucker und Gewürzen vermengen und über die Äpfel krümeln. Die Teigränder mit kaltem Wasser bestreichen, die Taschen über Eck zuklappen und die Ränder – evtl. mit einer Gabel – gut zusammendrücken. 45–50 Minuten backen, bis die Äpfel sehr weich sind.

Großmutters schneller Kuchen

Für ca. 8 Portionen:

150 g Mehl (evtl. etwas mehr, falls Masse nicht fest genug)
150 g Zucker
3 EL Kakaopulver
1 TL Natron oder Backpulver
1 TL Vanillepulver
1 EL Tafelessig
5 EL Öl oder geschmolzene Margarine
1 Tasse kaltes Wasser
$^1/_2$ Tafel vegane Zartbitter-Schokolade, geraspelt

Den Ofen auf 180° C vorheizen. Mit einer Gabel Mehl, Zucker, Kakao und Natron in einer Schüssel vermengen. Dann Vanille, Essig und Öl oder Margarine hinzufügen und vermischen. Wasser darübergießen und gut verrühren. Den Teig in eine gefettete, nach Wunsch mit Paniermehl ausgestreute Kuchenform füllen und nach Geschmack die Schokoladenraspel darüberstreuen. 30–35 Minuten bzw. so lange backen, bis ein Messer nach dem Einstechen sauber aus der Mitte des Kuchens kommt. Viel Schokolade, aber kein Cholesterin!

Tip: Statt oder zusätzlich zu den Schokoladenraspeln können Sie den Kuchen auch mit einer Vanilleglasur (siehe Seite 163) überziehen.

Vanilleglasur

Für 1 Kuchen:

1 Tasse Puderzucker
1 Tasse Margarine
3 TL Vanille-Soja-Drink oder
1 Päckchen Vanillezucker und 3 TL Soja-Drink

Die Zutaten in eine Schüssel geben und mit einem Rührgerät schaumig schlagen. Sie können die Konsistenz der Glasur verändern, indem Sie mehr Zucker, Margarine oder Soja-Drink hinzufügen. Dann über Kuchen ziehen. Schmeckt auch köstlich einfach nur so zum Naschen.

Zitronen-Mohn-Kuchen

Für 12 Portionen:

2–4 unbehandelte Zitronen (davon 4 TL geraspelte
Zitronenschale)
150 ml Soja-Creme
150 g Mehl
2 EL Mohn
3 TL Natron oder Backpulver
³/₄ TL Salz
6 EL Margarine (Raumtemperatur)
150 g Zucker
Ei-Ersatz für 3 Eier
¹/₂ TL Vanillepulver

Den Ofen auf 180° C vorheizen. Zwei runde oder eckige
Backformen zuerst leicht einfetten, dann mit Mehl bestäuben.
3–4 EL frischen Zitronensaft pressen, mit der milchfreien
Sahne verrühren und zur Seite stellen. Mehl, Mohn, Backpulver und Salz vermengen und beiseite stellen. Mit einem Rührgerät auf mittlerer Stufe die Margarine mit Zucker und Zitronenschale 5 Minuten schaumig schlagen. Dann Ei-Ersatz und
Vanille hinzufügen. Auf der niedrigsten Stufe ¹/₃ der Mehlmi-
schung hinzugeben, dann ¹/₃ der vorbereiteten Creme folgen
lassen. So lange weiterrühren, bis alle Zutaten vermischt sind
und ein geschmeidiger Teig entsteht. Den Teig in die Formen
füllen. 30 Minuten bzw. so lange backen, bis ein Messer nach
dem Einstechen sauber aus der Mitte des Kuchens kommt.
Auf einem Gitter 10 Minuten abkühlen lassen, dann die Kuchen aus den Formen lösen. Erst völlig ausgekühlt servieren.

Nußtorte

Für 8–12 Portionen:

6 EL Margarine
150–200 g Zucker
Ei-Ersatz für 3 Eier
3 EL frischer Zitronensaft
1 Msp Salz
150 g Mehl
2 $^1/_2$ TL Natron oder Backpulver
100 ml Soja-Drink, natur oder Vanille
150 g gehackte Walnüsse oder Mandeln
ca. 125 g Marzipan

Den Ofen auf 200° C vorheizen. Um den Teig zuzubereiten, zuerst die Margarine mit ca. 50 g Zucker schaumig rühren. Dann Ei-Ersatz, Zitronensaft und Salz hinzufügen und gut mischen. Mehl und Backpulver einarbeiten, bis ein weicher Teig entsteht. Jetzt $^2/_3$ des Teigs auf eine Plastikfolie legen und mit einer Teigrolle zu einem Kreis (ungefähr 25 cm ∅) ausrollen. Den Teig in eine Springform von 24 cm ∅ legen, fest andrücken und die Seiten hochziehen. Falls nötig, die Enden gerade abschneiden. Den verbleibenden Teig zu einem Kreis von 24 cm ∅ ausrollen und beiseite legen.
Um die Füllung herzustellen, zuerst 75 g Zucker in einer Pfanne auf kleiner Flamme erhitzen, bis der Zucker anfängt, sich aufzulösen. Die Hitze erhöhen und den Zucker karamelisieren lassen. Den Soja-Drink, die Nüsse und den restlichen Zucker hinzufügen und kräftig aufkochen. Auf großer Flamme unter ständigem Rühren 5 Minuten kochen. Vom Herd nehmen und das Marzipan unterrühren. Dann die Füllung in die Backform geben und den ausgerollten Teig obenauf legen. Die Torte in ca. 35 Minuten goldbraun backen. Vollständig auskühlen lassen, bevor die Springform entfernt wird.

Schokoladen-Kirschtorte

Für 8–12 Portionen:

FÜR DEN TEIG:

300 g Mehl
3 EL Kakao
4 TL Natron oder Backpulver
250 g Zucker
1 Packung Vanillezucker
9 EL Sonnenblumenöl
Margarine zum Einfetten

FÜR DIE FÜLLUNG:

1 Glas Schattenmorellen
1 Packung Vanillepuddingpulver
4 EL Zucker

FÜR DIE SCHOKOGLASUR:

100 g Margarine
200 g Puderzucker
2 EL heißes Wasser
50 g vegane Zartbitterschokolade

Zwei kleinere Springformen mit Backpapier auslegen und einfetten. Die trockenen Zutaten vermischen und mit Öl und $^3/_8$ l Wasser verrühren. Den Teig auf die zwei Formen verteilen, auf einem Backblech und einem Gitter in den Ofen stellen und insgesamt 40 Minuten bei 180° C backen. Nach 20 Minuten die Springformen vertauschen, so daß beide Tortenböden gleichmäßig backen. Den Teig abkühlen lassen.

Die Kirschen abtropfen lassen. Von einem halben Liter Kirschsaft 4 EL wegnehmen und damit das Puddingpulver mit dem Zucker verrühren. Die restliche Flüssigkeit zum Kochen bringen, das Puddingpulver mit dem Schneebesen einrühren und aufkochen. Die Kirschen unterrühren, etwas abkühlen lassen und auf einem Teigboden verteilen. Wenn die Masse erkaltet ist, die zweite Teighälfte daraufsetzen.

Für die Glasur Schokolade und Margarine in einem Topf schmelzen, das heiße Wasser zugeben und den Puderzucker dazusieben. In noch warmem Zustand die Glasur auf dem Kuchen verteilen. Nach Wunsch mit einem Spritzbeutel schön verzieren.

Blitz-Karottenkuchen

Für 8–12 Portionen:

400 g Karotten
Saft und Schale von 1 unbehandelten Zitrone
200 g Rohrzucker
200 ml Sonnenblumenöl
1 TL Zimt
1 Packung Backpulver
400 g Mehl
1 Packung Vanillezucker

ZUM BESTREUEN:

Puderzucker

Die Karotten in der Küchenmaschine raspeln und mit den restlichen Zutaten vermischen. Den Teig in eine gefettete Springform füllen und bei 180° C 40–50 Minuten backen. Nach Erkalten mit Puderzucker bestäuben.

Schneller Kirsch-Nuß-Kuchen

Für 8–12 Portionen:

125 g gemahlene Mandeln oder Haselnüsse
250 g Mehl
2 EL Kakao
1 Packung Vanillezucker
$^1/_2$ Packung Backpulver
50 g Zucker
$^1/_4$ l Soja-Drink
2 Bananen
1 Glas Schattenmorellen

Die trockenen Zutaten vermischen. Sojamilch unterrühren und den Teig in eine gefettete Springform füllen. Mit Bananenscheiben und den gut abgetropften Kirschen belegen. Bei 175° C 75 Minuten backen.

Maisbrot

200 g Maismehl
200 g Weizenmehl
1 Packung Backpulver
1 TL Salz
80 ml Sonnenblumenöl
100 g brauner Zucker, Ahornsirup oder Zuckerrübensirup
$^1/_2$ l Soja-Drink

Das Mehl mit dem Backpulver und dem Salz vermischen und die restlichen Zutaten unterrühren. Eine Kastenform einfetten und bei 180° C ca. 30–40 Minuten backen. Schmeckt sehr lecker mit Margarine und Marmelade oder Nußcreme bestrichen.

Obstkuchen

Für 8–12 Portionen:

150 g Mehl
100 g Haselnußkerne
100 g Margarine
30 g Rohrzucker
$^1/_2$ TL Salz
4 EL kaltes Wasser
Margarine zum Einfetten
100 g vegane Zartbitterschokolade
500 g beliebiges Obst

FÜR DIE GLASUR:

3 EL Marmelade, erwärmt und glattgerührt
oder TORTENGUSS aus:
$^1/_2$ l Fruchtsaft oder Wasser
1 TL Zucker
1 TL Agar-Agar

Die Nüsse in einer heißen Pfanne ohne Fett anrösten und fein mahlen. Mehl, Margarine, Zucker, Salz sowie das kalte Wasser zugeben und mit den Händen einen Mürbeteig bereiten. Den Teig im Kühlschrank 30 Minuten ruhen lassen.
Eine Obstkuchenform einfetten, den Teig darauf verteilen, mit der Gabel an verschiedenen Stellen einstechen und bei 200° C ca. 20 Minuten backen.

Die Schokolade in einem Topf schmelzen und mit einem Pinsel auf dem erkalteten Kuchenteig verteilen. Nach Erkalten mit Obst belegen und mit der warmen flüssigen Marmelade bestreichen oder einen Tortenguß wie folgt zubereiten:
150 ml Saft oder Wasser mit dem Zucker zum Kochen bringen. Das Agar-Agar-Pulver in der restlichen Flüssigkeit verquirlen und in den kochenden Saft rühren. Unter ständigem

Rühren 2 Minuten kochen und kurz abkühlen lassen. Wenn der Guß schon etwas Festigkeit erlangt hat, mit einem Eßlöffel auf dem Obstkuchen verteilen. Nach Erkalten wird der Tortenguß schnittfest.

Apfel-Streusel-Kuchen

250 g Margarine
200 g Zucker
1 Prise Salz
500 g Mehl
1 Päckchen Backpulver
1 Päckchen Vanillezucker
4 EL kaltes Wasser
1 kg säuerliche Äpfel

FÜR DIE STREUSEL:

250 g Mehl
120 g Zucker
1 Päckchen Vanillezucker
100 g Margarine

Für den Mürbeteig die Margarine mit dem Zucker und der Prise Salz schaumig rühren. Das Backpulver unter das Mehl mischen und mit dem Vanillezucker unter die Margarine-Zucker-Mischung kneten. Am Schluß das eiskalte Wasser zugeben und mit den Händen zügig zu einem Mürbeteig kneten. Den Teig zu einer Rolle formen und in den Kühlschrank legen. Währenddessen die Äpfel schälen, vierteln und das Kernhaus entfernen.
Für die Streusel alle Zutaten miteinander verkneten und mit den Fingern Streusel daraus krümeln. Ein Backblech einfetten, mit dem Teig belegen, die Äpfel und Streusel darauf verteilen und bei 180° C ca. 45 Minuten backen.

Zucchinikuchen

Ei-Ersatz für 3 Eier
200 g Zucker
1 Päckchen Vanillezucker
2 TL Zimt
$^1/_4$ l Sonnenblumenöl
100 g Nüsse gemahlen
300 g Mehl
1 Päckchen Backpulver
500 g Zucchini, geschält und grob geraspelt
$^1/_2$ Glas Johannisbeermarmelade
150 g vegane Zartbitterschokolade

Die ersten 5 Zutaten schaumig schlagen, mit den Nüssen, dem Mehl und dem Backpulver vermischen. Die Zucchini gut ausdrücken und unter den Teig rühren. Auf ein gefettetes Backblech streichen und bei 200° C ca. 30 Minuten backen. Den warmen Kuchen mit Marmelade bestreichen und erkalten lassen. Mit flüssiger Schokolade bestreichen.

Zutatenverzeichnis

Agar-Agar – Ein Geliermittel, das aus Meeresalgen gewonnen wird. Ein sehr guter Ersatzstoff für tierische Gelatine. Erhältlich in Bioläden und Reformhäusern.

Ahornsirup – Eingedickter Saft des Zuckerahorns; vor allem in Kanada gewonnen. Seines karamelartigen Geschmacks wegen beliebt, aber ziemlich teuer. Findet man mittlerweile in jedem Supermarkt.

Apfelfein – Apfelkraut aus Äpfeln und Birnen, ohne Zusatz von Zucker hergestellt. Köstlich als Brotaufstrich oder als Backzutat. Ähnelt Rheinischem Apfelkraut und ist im Reformhaus erhältlich.

Basmati-Reis – Ein langkörniger, sehr aromatischer Reis (Duftreis), den auch die meisten Supermärkte im Angebot haben. Sonst in Bioläden, Reformhäusern und asiatischen Lebensmittelgeschäften erhältlich.

Bohnen – Neben vielen Sorten von frischen grünen Bohnen wie beispielsweise Stangenbohnen, Brechbohnen, Buschbohnen, die winzigen Prinzeßbohnen, die eingeschnürten Perlbohnen oder gelben Wachsbohnen sind für die vegane Küche vor allem die ausgereiften, getrockneten Hülsenfrüchte, also Bohnenkerne, von Bedeutung. Hier finden die rotbraunen Kidneybohnen, weiße Kidneybohnen, die man auch unter dem Namen *Cannellini* aus italienischen Rezepten kennt, schwarze Bohnen aus Mexiko, gesprenkelte Wachtelbohnen oder Schwarzaugenbohnen genauso Verwendung wie herkömmliche weiße Bohnen oder die zartgrünen Krüllbohnen, auch *Flageolets* genannt. Läden mit orientalischen Lebensmitteln sind wahre Fundgruben für viele unbekanntere Sorten.

Brauner Reis – Ungeschälter lang- oder kurzkörniger Reis, der seine wertvollen Ballaststoffe noch besitzt. In Bioläden, aber auch in vielen Lebensmittelgeschäften vorrätig.

Bulgur – Gedämpfte und anschließend getrocknete grobe Hartweizengrütze. Das Korn wurde geschält, geröstet und dann geschrotet. Es hat einen hohen Anteil an Eiweiß, Erhältlich in Bioläden, Reformhäusern und türkischen Lebensmittelgeschäften.

Carob – Ein dunkles Pulver von kakaoähnlichem Geschmack, welches aus der Frucht des Johannisbrotbaumes (auch Affenbrotbaum genannt) gewonnen wird. Das gerne als Kakaoersatz verwendete Produkt findet man in Reformhäusern und Naturkostläden.

Cayennepfeffer – Nicht mit dem Pfeffer, sondern mit Gewürzpaprika verwandtes Gewürz, das aus getrockneten, gemahlenen Chilischoten gewonnen wird. Das wohl schärfste Gewürz, welches oft auch in Gewürzmischungen wie z. B. Chilipulver zu finden ist. In den meisten Lebensmittelgeschäften vorrätig.

Chili-Öl – Pflanzenöl, oft Sesamöl, mit frischen Chilischoten oder -saft versetzt. Erhältlich in chinesischen Lebensmittelgeschäften und einigen gut sortierten Supermärkten. Man kann es auch selbst herstellen, indem man viele gehackte Chilischoten in erhitztes Öl gibt und einige Tage an einem dunklen Ort stehen läßt.

Chilipulver – Eine mittelscharfe Mischung aus getrockneten, gemahlenen Chilischoten (Cayennepfeffer), Kreuzkümmel, Oregano und anderen Gewürzen. Erhältlich in den meisten Lebensmittelgeschäften.

Cilantro – Auch chinesische Petersilie genannt, wird in vielen asiatischen Gerichten eingesetzt. Es sind die petersilienähnlichen Blätter des frischen Korianders. Frisch erhältlich auf Märkten, in indischen, chinesischen und einigen deutschen Feinkostgeschäften. Läßt sich auch relativ leicht im Blumentopf auf der Fensterbank ziehen.

Couscous – Ein Hartweizengrieß, der bereits vorgegart und anschließend getrocknet wurde. Man übergießt ihn mit kochendem Wasser und kann ihn dann bereits nach wenigen Minuten essen. In türkischen Lebensmittelgeschäften, Reformhäusern und Bioläden vorrätig.

Cumin – siehe Kreuzkümmel.

Currypulver – »Echter Curry« besteht aus einer Kombination von Kurkuma, Koriander, Kreuzkümmel, Cayennepfeffer, Ingwer, Kardamom, Zimt und anderen Gewürzen. Häufig in indischen oder asiatischen Rezepten verwendet. In allen Lebensmittelgeschäften und als lose Mischung in Bioläden erhältlich.

Dinkel – Eine vollwertige Weizenart mit hohem Gehalt an Kalzium, Phosphor und Klebereiweiß. Erhältlich in Reformhäusern, Bioläden und einigen gutsortierten Supermärkten.

Eifreie Mayonnaise – Diese Mayonnaise wird aus Pflanzenölen hergestellt. In Bioläden oder Reformhäusern vorrätig, aber auch einfach selbst zu machen (siehe Seite 69).

Ei-Ersatz – Stärkehaltiges Bindemittel zum Kochen und Backen; ersetzt die Kocheigenschaften von Eiern. Vorrätig in Bioläden, Reformhäusern und einigen Lebensmittelgeschäften.

Falafel – Gut gewürzte Kichererbsenbällchen (siehe Seite 24).

Fenchelsamen – Die Samen der Fenchelpflanze werden hauptsächlich als Gewürz eingesetzt. Sie haben einen ähnlichen Geschmack wie Anis, sind jedoch milder. Erhältlich in Reformhäusern, Naturkostläden und gutsortierten Lebensmittelgeschäften.

Ganzkornsenf – Eine Senfsorte, bei der zur Hälfte gemahlener Senf und zur Hälfte Senfkörner bei der Herstellung verwendet wurden, wobei die Körner nicht hart, sondern schön weich zu kauen sind. In Reformhäusern und Naturkostläden erhältlich.

Garam Masala – Eine typische curryartige Gewürzmischung der indischen Küche, bestehend aus Koriander, Kreuzkümmel, Pfeffer, Muskat, Zimt, Kardamom und Nelken. In gutsortierten Supermärkten, indischen Lebensmittelgeschäften und Bioläden zu finden.

Gelbwurz (Kurkuma) – Stammt aus der Ingwerfamilie. Gemahlen hat Kurkuma eine sonnengelbe Farbe, die indische Gerichte oft so einladend aussehen läßt und überdies köstlich würzt. In indischen Lebensmittelgeschäften und gutsortierten Supermärkten erhältlich.

Geteilte Erbsen – In Hälften zerteilte, geschälte und getrocknete Hülsenfrüchte von mittelgrüner oder gelber Farbe. In allen Lebensmittelgeschäften zu finden.

Glasnudeln – Spröde, durchsichtige, gebündelte Reisnudeln, die in heißem Wasser eingeweicht und mit der Schere zurechtgeschnitten werden. In allen Fernost-Geschäften und vielen Supermärkten vorrätig.

Grünkern – Vor der Reife geernteter Dinkel, der gedörrt und geschält wurde. Auch Grünkern enthält viel Kalzium und Phosphor. In Bioläden und Reformhäusern zu finden.

Hefeextrakt (Vitam R) – Ein alkoholischer Auszug, der aus Hefe gewonnen und mit Salz, Gewürzen und Gemüse-extrakt abgeschmeckt wurde. Als Würzmittel und Brotaufstrich einsetzbar. Vorrätig in Feinkostgeschäften und Reformhäusern.

Hefeflocken – Als vitaminreich gepriesene natürliche Geschmacksverstärker, die heute hauptsächlich aus Melasse oder Molke gewonnen werden. Zu haben in Reformhäusern, Bioläden und einigen Supermärkten.

Ingwer – Angenehm scharfes Gewürz, das für die Küchen Ostasiens unentbehrlich ist. Am besten schmeckt hauchdünn geschnittener frischer Ingwer. Alte Wurzeln werden faserig und sollten dann nicht mehr verwendet werden. Frischen Ingwer gibt es mittlerweile auch im Supermarkt.

Kapern – Grünliche Köpfe bzw. junge Beeren der Kapernpflanze, die eingelegt werden. Sie sind ein pikantes Gewürz und in jedem Lebensmittelgeschäft zu haben.

Kardamom – Ein aromatisches Gewürz, das in vielen asiatischen Küchen verwendet wird. Gemahlen und als Samen im Lebensmittelhandel erhältlich.

Kastanienpüree – Mit Wasser pürierte Kastanien. Meist in Dosen in Feinkostgeschäften erhältlich.

Kichererbsen – Runde beige Hülsenfrüchte, die im Nahen Osten und in Indien sehr beliebt sind. Reich an Eiweiß, Vitaminen und Mineralstoffen, daher wichtig in der veganen Küche. Kichererbsen gibt es getrocknet oder in Dosen in türkischen und indischen Lebensmittelgeschäften sowie in gutsortierten Supermärkten.

Kichererbsenmehl – wird zum Andicken verwendet und am ehesten in türkischen Geschäften angeboten.

Kidney-Bohnen – Rotbraune, nierenförmige Bohnen, in Dosen praktisch überall zu haben. Siehe auch Bohnen.

Kokosmilch – Wird häufig mit der Flüssigkeit verwechselt, die im Inneren einer frischen Kokosnuß zu finden ist. Es handelt sich jedoch um eine milchähnliche Flüssigkeit, die aus geriebenen und gekochten Kokosnüssen gewonnen wird. In asiatischen Lebensmittelläden und Feinkostgeschäften in Dosen erhältlich.

Kombu – Die mineralstoffreiche Braunalge wird vor japanischen Küsten und der französischen Atlantikküste geerntet. Sie ist nicht nur reich an Eiweiß, Kohlehydraten, Mineralstoffen und Vitaminen, sondern enthält auch viel Jod. In Japangeschäften, Bioläden und Reformhäusern vorrätig.

Koriander – Geöffnete und getrocknete Samen der Korianderfrucht, mit dem nicht nur indische und nahöstliche Gerichte, sondern auch viele unserer Brotsorten gewürzt werden. Ganz oder gemahlen im Lebensmittelhandel erhältlich.

Kreuzkümmel (Cumin) – Samen einer Pflanze, die zur Familie der Petersilie gehört; hat einen leicht bitteren Beigeschmack. Kreuzkümmel wird häufig in indischen und nahöstlichen Curries eingesetzt. Man kann ihn gemahlen und im Ganzen kaufen. Erhältlich in gutsortierten Supermärkten und in asiatischen Lebensmittelgeschäften.

Kürbispüree – Gibt es im Feinkosthandel in großen und kleinen Dosen zu kaufen, kann jedoch leicht aus frischem Kürbis hergestellt werden.

Lopino – Tofuähnliches Produkt, das aus Süßlupinen, einer Leguminosenart, hergestellt wird. Sehr eiweißhaltig, daher gerne als Fleischersatz verwendet. Gibt es auch als Brotaufstrich.

Maismehl – Gemahlene Maiskörner. Die Struktur des Mehls kann von grob bis fein variieren. Erhältlich in den meisten Supermärkten.

Maisstärke – Weißes Stärkepulver, das aus Mais gewonnen wird. Als Binder für Saucen u. a. einsetzbar. Erhältlich in den Backabteilungen großer Lebensmittelgeschäfte.

Miso – Japanische Würzpaste aus vergorenen, gesalzenen, gekochten Sojabohnen, Weizen und Reis, die auch als Basis für Suppen dient. Es gibt die Sorten *shiro miso* (weiß) und *aka miso* (rötlich) in Dosen zu kaufen. Erhältlich in asiatischen Lebensmittelgeschäften.

Nori-Blätter – Getrockneter Seetang, der entweder für japanisches Sushi oder auch in Suppen verwendet wird. Erhältlich in asiatischen Lebensmittelgeschäften.

Okra – Die Heimat dieser grünen Gemüseschoten ist Asien, sie werden jedoch mittlerweile auch rund um das Mittelmeer angebaut. Sie schmecken am besten jung und kurz gedünstet, da sie schnell zusammenfallen und schleimig werden. Gute Okraschoten findet man in indischen und ostasiatischen Läden, aber auch zunehmend in guten Gemüsegeschäften oder auf dem Markt.

Pastinake – Möhrenähnliche weiße Rübe, die auch als Hammel- oder Hirschmöhre bekannt ist. Schmeckt ähnlich wie Petersilienwurzel. Auf Märkten oder in guten Gemüsegeschäften erhältlich.

Pitta – Flaches Brot aus dem nordafrikanischen Raum, das wie eine Tasche aufgeschnitten und z. B. mit Gemüse oder Kichererbsenbällchen gefüllt werden kann. Gibt es in einigen guten Bäckereien, in türkischen oder gutsortierten Lebensmittelläden.

Quinoa – Ein rundes, sandfarbenes, hochproteinhaltiges Getreide mit mildem, nussigem Geschmack und von leichter Beschaffenheit. Seine Heimat sind die Anden, wo es schon von den Inkas kultiviert wurde. Erhältlich in Bioläden und Reformhäusern.

Räuchertofu – Sojabohnenquark (siehe Tofu) mit Räuchergeschmack. Im Asienhandel oder im Reformhaus vorrätig.

Reisessig – Aus Reiswein hergestellte Tafelwürze, meist weiß, selten auch rot. Der am öftesten verwendete chinesische Essig. Erhältlich in Asienläden.

Seitan – Ein Produkt aus konzentriertem Weizeneiweiß von fleischartiger Konsistenz. Wird daher häufig als Fleischersatz verwendet. Es kann gebraten, gekocht oder auch gedämpft werden und hat einen kräftigen Geschmack. Erhältlich in Reformhäusern und Bioläden.

Soja-Creme (»Soja Dream«) – Verdickte Sojamilch, die je nach Konsistenz an Quark oder Sauerrahm erinnert. Ein guter Ersatzstoff für Crème fraîche. Erhältlich in Reformhäusern und Bioläden.

Soja-Drink – Unter Zusatz von kochendem Wasser gepreßte süßliche Pflanzenmilch aus gekochten, zermahlenen Sojabohnen. Sie enthält mehr Eisen als Kuhmilch, die Hälfte an Kalorien und Fett, kein Natrium, kein Cholesterin, ca. $^{1}/_{6}$ der Kalziummenge, aber ebensoviel Eiweiß und ähnlich viel Vitamin B wie diese. Erhältlich in Bioläden, Reformhäusern und manchen gutsortierten Supermärkten.

Sojamehl – Wird aus der gelben Sojabohne gewonnen und enthält viel Eiweiß, Fett, Mineralstoffe und Vitamine. Immer »Vollsojamehl« und keine entfetteten Produkte kaufen.

Sojasauce – Dieser salzige Würzextrakt wird aus fermentierten Sojabohnen gewonnen und eignet sich hervorragend als Würzmittel oder Geschmacksverstärker. Erhältlich im gesamten Lebensmittelhandel.

Sojagranulat, auch **TVP** (Texturized Vegetable Protein) – Dieses Granulat wird aus Sojabohnen gewonnen und meist in getrockneter Form angeboten. Gibt Chili, Suppen oder Pastasaucen einen herzhaften Biß (z. B. »Bolognese«). Vorsicht bei Verdauungsschwäche, kann Beschwerden hervorrufen! Erhältlich in Bioläden und Reformhäusern.

Sprossen und Keime – Natürlich können Sie Sojakeimlinge aus dem Glas verwenden, aber Sie tun Ihrem Körper sehr viel mehr Gutes, wenn Sie selbst Sprossen ziehen, denn der Vitamingehalt erhöht sich während des Keimens um ein Vielfaches.
Am besten funktioniert das Ziehen von Sprossen in einem Keimapparat aus dem Reformhaus, aber Sie können auch ein umgestülptes Einmachglas verwenden, das mit Gaze und Gummiband verschlossen zu einem Minitreibhaus wird.
Bitte verwenden Sie nur ausgewiesenes »Saatgut« zum Keimen aus dem Reformhaus oder dem Naturkostladen, da dieses aus biologisch-dynamischem Anbau stammen muß. Sojasprossen – und hier vor allem die Mungobohne – Weizen-, Alfalfa-(Luzerne)-, Kresse- oder andere Sprossen gedeihen prächtig. Einfach 1 Tasse Körner in das Glas geben, über Nacht einweichen, am nächsten Tag abgießen, mit frischem Wasser spülen und das Glas umgedreht auf einen Teller leicht schräg stellen, damit die Luft zirkulieren und überschüssiges Wasser ablaufen kann, so daß nichts fault. Am besten ein Hölzchen o. ä. unter-

legen. Jeden Tag oder auch jeden zweiten – das ist je nach Art verschieden – mit frischem Wasser spülen. Nach einigen Tagen – die Keimdauer steht jeweils auf dem Päckchen – können Sie ernten und Ihren Speisezettel mit dieser vital- und ballaststoffreichen Kost aufwerten.

Steckrübe – Sie heißt auch Kohlrübe, Wruke oder Bodenkohlrabi, hat gelbliches Fleisch und ist von pikantem Geschmack. Steckrüben bekommt man auf Märkten oder im Gemüsefachhandel.

Tahini – Eine Paste aus gemahlenen Sesamsamen mit leicht bitterem, nussigem Geschmack. Erhältlich in türkischen Lebensmittelgeschäften und einigen gutsortierten Supermärkten.

Tamari – Ohne Weizen und natürlich vergärte Soja-Sauce, die in einer Vielzahl von Variationen erhältlich ist. In chinesischen Lebensmittelgeschäften und einigen Supermärkten vorrätig.

Tempeh – Ein klebriges, fleischähnliches Produkt aus fermentierten Edelpilzen und enthülsten gelben Sojabohnen. Es stammt ursprünglich aus Indonesien, hat einen etwas gewöhnungsbedürftigen nussigen Geschmack, ist reich an Eiweiß und kann für fast jedes Fleischrezept als Ersatz benutzt werden. Man erhält es in Biolädenn, Reformhäusern und chinesischen Lebensmittelgeschäften.

Tofu (fest oder weich) – Ein hochproteinhaltiges Nahrungsmittel aus Sojabohnen. Ähnelt äußerlich weißem Käse. Ist völlig geschmacksneutral und daher vielseitig einsetzbar. Gebraten als Fleischersatz, roh im Salat oder püriert als Brotaufstrich verwendbar. Erhältlich in Reformhäusern, Biolädenn und vielen Lebensmittelgeschäften.

Tortillas – Dünne Fladen aus Mais- oder Weizenmehl, Wasser, etwas Öl und Salz. In gutsortierten Supermärkten oder den Auslandsabteilungen großer Kaufhäuser vorrätig. Können aber auch selbst hergestellt werden (siehe Seite 121).

Vanille-Extrakt – Durch Einweichen von Vanilleschoten in Wasser und Alkohol gewinnt man einen geschmackvollen Auszug der Bourbonvanille. In guten Lebensmittelgeschäften vorrätig.

Vegane Kekskrümel – Krümelmischung aus veganen Keksen, die gemahlen oder zerbröselt werden. Ohne Ei, Milchprodukte oder Honig in der Zutatenliste. Erhältlich in einigen Bioläden, können auch sehr einfach selbst zubereitet werden (siehe Seite 156).

Wasabi – Scharfes Pulver oder Paste aus grünem japanischen Meerrettich. Pulver wird vor dem Würzen mit etwas Wasser angerührt. In asiatischen Lebensmittelgeschäften im Handel.

Wasserkastanie – Eine dunkelhäutige, kastaniengroße Knolle, die im Wasser wächst. Sie wird in China als geschnittenes Gemüse gegessen. Frisch in chinesischen oder in Dosen in gutsortierten Supermärkten erhältlich.

Weiße Rübe (auch *Wasserrübe* oder *Navet*) – Runde oder längliche, saftige weiße Wurzel in unterschiedlicher Form gezüchtet; gehört zu Suppengrün, ist aber auch – vor allem in ihrer runden Form – ein schmackhaftes, gesundes Gemüse. Auf Märkten und im Gemüsehandel im Angebot.

Register nach Sachgruppen

Salate

Salatsaucen

Hauptgerichte

Aus Mutterns Kochtopf

Gemüsevariationen

Seitan und Tempeh

Pasta und Saucen

Nachspeisen, Gebäck und Kuchen

Alphabetisches Rezeptverzeichnis

So kochen Prominente vegetarisch!

PETA (HRSG.)
VEGANISSIMO

120 Seiten

mit zahlreichen

farbigen

Abbildungen

geb., Großformat

DM 34,80

SFr 32,50

ÖS 254,-

ISBN 3-929475-36-7

Die weltweit größte Tierrechtsorganisation, PETA (People for the Ethical Treatment of Animals), hat Prominenten beim Kochen über die Schultern geschaut und präsentiert nun erstmals die vegetarischen Lieblingsrezepte von Paul McCartney, Tatjana Patitz, Martina Navratilova, Nina Hagen und vielen anderen.

Ob aus Film, Fernsehen, Musik, Mode oder Sport - alle Prominente haben eines gemeinsam: die Liebe zu den Tieren und die Lust an gesunder vegetarischer Ernährung.

HANS-NIETSCH-VERLAG

Brabanter Str. 112 · 52525 Waldfeucht · Tel. 0 24 55 - 98 99 0 · Fax 0 24 55 - 98 99 11